# 365

## DÍAS DE
## ORACIÓN
## PARA

# HOMBRES

**BroadStreet**
ESPAÑOL

BroadStreet Publishing Group, LLC
Savage, Minnesota, E.U.A.
BroadStreetPublishing.com

# 365 DÍAS DE ORACIÓN PARA HOMBRES

Edición en español, copyright © 2022 por BroadStreet Publishing

Publicado originalmente en inglés con el título *365 Days of Prayer for Men*,
© 2020 por BroadStreet Publishing

ISBN: 978-1-4245-6515-3 (piel símil)
e-ISBN: 978-1-4245-6516-0 (libro electrónico)

Las oraciones fueron escritas por D. E. Gregory.

Diseño por Chris Garborg | garborgdesign.com

Traducción, adaptación del diseño y corrección en español por LM Editorial Services | lmeditorial.com | lydia@lmeditorial.com con la colaboración de Belmonte Traductores (traducción) y Candace Ziegler (tipografía)

Impreso en China / Printed in China
22 23 24 25 26 * 6 5 4 3 2 1

"Pídeme y te daré a conocer secretos sorprendentes que no conoces acerca de lo que está por venir".

Jeremías 33:3, NTV

# INTRODUCCIÓN

Ya sea que hayas hecho de la oración un hábito por muchos años o este es tu primer devocionario de oración, la inspiración te está esperando en las oraciones diarias aquí escritas. Al final, la oración es una conversación con Dios. No tienes que usar palabras elocuentes, ni recitar largos pasajes de la Biblia. Tan solo conversa con Dios. Abre tu corazón. Él está escuchando cada palabra que dices.

Algunos días tus oraciones quizá estén llenas de gratitud, otros días de arrepentimiento, y otros de necesidad. Tan solo pon tu corazón y tus oraciones a los pies del Padre y espera su poderosa respuesta.

Que Dios te bendiga cuando conectes cada día con Él a través de la oración.

A medida que desarrolles el hábito de la oración, piensa en lo siguiente:

**Alabanza.**

Comienza diciéndole a Dios cuán maravilloso es Él. Enfócate en los atributos de Dios por los que estés agradecido.

**Arrepentimiento.**

Antes de presentar tus necesidades a Dios, haz una pausa. Toma un momento para examinar tu corazón. Si Dios te revela algún pecado no confesado, llévalo delante de Él y pídele perdón.

**Petición.**

¿Qué necesitas de tu Padre celestial hoy? Pídele con confianza; Él está esperando concederte los deseos de tu corazón.

**Entrega.**

Pide como si ya estuviera hecho y entrégate a su voluntad. Reconoce que quizá Él sabe algo que tú no sabes, o que tiene en mente algo incluso mejor para ti. Confía y acepta cualquier respuesta que recibas.

# ENERO

Entonces ustedes me
invocarán, y vendrán a
suplicarme,
y yo los escucharé.

JEREMÍAS 29:12, NVI

# UN PLAN PERFECTO

El corazón humano genera muchos proyectos,
pero al final prevalecen los designios del SEÑOR.
PROVERBIOS 19:21, NVI

Padre Todopoderoso, Rey de los cielos y de la tierra, magnifico tu nombre y te exalto por tu sabiduría y fidelidad. Tú has establecido tu creación y has desplegado tus planes de restauración. Eres el más poderoso, y nadie puede torcer lo que tú has decretado por mucho que se esfuerce. Sin duda alguna tu voluntad será hecha, tu pueblo será establecido como cabeza de todas las naciones, y todas las personas serán bendecidas a través de la simiente de Abraham. Levantarás un remanente justo de gente de todas las naciones, personas que han prometido lealtad a tu reino y soberanía.

Señor, que yo sea hallado entre ellos. Pongo mi esperanza en ti, te entrego mis sueños y mis planes, y confío en que me moldearás para que sea el hombre que has deseado desde el amanecer de la creación. Espero con anticipación la corona de justicia que has preparado para los que siguen diligentemente tu liderazgo y esperan el día de tu prometida restauración. Sé glorificado en toda la tierra, oh Señor mi Dios. ¡Aleluya y amén!

**¿Qué propósito reside en el corazón de la voluntad de Dios y sus acciones en tu vida?**

# ESCOGER BIEN

Confía en Jehová con todo corazón
y no te apoyes en tu propia prudencia.
Reconócelo en todos tus caminos
y él hará derechas tus veredas.
PROVERBIOS 3:5-6, RVR1995

Oh Padre, te alabo y te glorifico como Dios y Rey. Tu sabiduría es maravillosa, mucho más de lo que puedo imaginar, y la forma en que has orquestado la redención y restauración de las personas del mundo es magnífica. Mientras más destaca tu Espíritu los pormenores y la belleza de tu plan, más aprecio cuán inadecuados son mis planes. Confío en ti, porque tu amor es bueno, tu plan es sabio, y tu forma de gobierno incuestionable.

Dirígeme por el camino de la justicia, Dios mío, y moldea mi corazón. Aumenta mi fe, Padre, y haz que espere yo con más ansias el cumplimiento de las promesas que has hecho. Tú conoces mi deseo de ser activo. Por favor, dame la paciencia para esperar en ti y hacer lo que deseas, no lo que yo haría; para ir donde tú me dirijas, y no en la dirección que yo escogería. Me encomiendo a ti. Que mi ofrenda sea agradable a ti.

**¿En qué dirección va el camino de Dios? ¿Hacia dónde te está guiando?**

# TRABAJO QUE IMPORTA

Trabajen de buena gana en todo lo que hagan,
como si fuera para el Señor y no para la gente.
COLOSENSES 3:23, NTV

Rey de los cielos y de la tierra, te entrego mi corazón,
mi alma, mi mente y mis fuerzas. En todos mis caminos
quiero ver que estás satisfecho con mi trabajo. Quiero que
me veas como un hombre fiel en mi compromiso con tu
gobierno. Que mi trabajo sea agradable a ti mientras me
guías mediante tu Espíritu Santo por el camino de la justicia
en esta vida, haciendo lo que tú has ordenado y confiando
en tu bondad. Que pueda yo ser un cuidador fiable de las
tareas que pones delante de mí cada día, y que eso sirva
como un testimonio fiable para otros de mi esperanza en
tus planes soberanos de restauración.

Señor, oro como lo hizo Jesús para que tu reino venga
pronto, y que se haga tu voluntad plenamente en la
tierra como se hace en el cielo. Es mi oración que mis
deseos estén en consonancia con los tuyos, y que tú seas
glorificado en mi vida.

**¿Por qué es importante trabajar en todas las cosas
como para el Señor?**

# INFLUENCIA POSITIVA

Hagan brillar su luz delante de todos,
para que ellos puedan ver las buenas obras de ustedes
y alaben al Padre que está en el cielo.
MATEO 5:16, NVI

Dios, tú has hecho de mí un portador de tu imagen en la tierra. Lléname con tu Espíritu para que pueda brillar con la verdad de tu carácter ante todo aquel con quien me encuentre. Que ellos puedan ver tu bondad, y sean atraídos a ella. Que la gente se aparte de los caminos del mundo y se consagre a ti. Que conozcan las buenas nuevas de tu reino venidero por el ejemplo que vean en mí. Tú me has moldeado a tu imagen.

Lléname con tu amor y compasión, con tu fidelidad y devoción. Que mis llamados a la justicia sean templados con interés y empatía. Que tu luz se refleje en mí como un espejo para todos los que tú quieras llamar a tu reino.

**¿Cómo se glorifica Dios ante los ojos de otros por tus buenas obras?**

# ENVÍA AMIGOS

Si caen, el uno levanta al otro.
¡Ay del que cae y no tiene quien lo levante!
ECLESIASTÉS 4:10, NVI

Padre, nada es mejor que caminar junto a amigos que piensan y persiguen las mismas cosas. Tú sabes cuán maravilloso es caminar en comunión con otros; tú creaste a los humanos para que pudieran hacerlo. Tú deseas compañerismo y la capacidad de compartir la vida con otros. Te pido esto para mi propia vida. Que siempre tenga buenos amigos que caminen conmigo, compartiendo mis alegrías y mis tristezas.

A veces puede ser demasiado fácil que un hombre vaya por su propio camino pensando que no necesita a nadie, pero tú sabes que eso es falso. Llena esta necesidad en mi vida, oh Señor. Trae amigos que podamos animarnos unos a otros y estimularnos unos a otros gozosamente con el día de tu venida. Gracias que tú suples todas mis necesidades, incluyendo también ésta.

**Considera cómo este pasaje se relaciona con la idea de que Dios "les hizo uno" porque deseaba una descendencia santa.**

# HUMILLADO

El Señor atiende al clamor del hombre honrado,
y lo libra de todas sus angustias.
SALMOS 34:17, DHH

Señor, tú has llamado a todas las personas a consagrarse a ti. En el principio, la humanidad te dio la espalda para buscar sus propios deseos y sentimientos. Tú has enviado a todas las naciones el mensaje de que deberían dejar su propio camino y regresar al único Dios verdadero. Tú estás juntando un remanente de personas de todas las naciones que te prometan fidelidad y que clamen a ti pidiendo restauración y renovación.

Escucha nuestro clamor, oh Señor. Restaura tu creación, cumple tus promesas y renueva a tu pueblo en tu santa fidelidad. Anhelo tu presencia y necesito tu santuario. Rescátame de las pruebas de esta vida y sácame de ellas en justicia. Glorifica tu nombre en mí.

**¿Qué podría significar una demora en la liberación de Dios?**

# PERMANECE

"Permanezcan en mí, y yo permaneceré en ustedes.
Pues una rama no puede producir fruto
si la cortan de la vid, y ustedes tampoco
pueden ser fructíferos a menos que permanezcan en mí".

JUAN 15:4, NTV

Padre, me encanta que tu Palabra me recuerda tus buenos dones y grandes promesas. Tú eres el hacedor de milagros. Recibo mi provisión de ti, y toda necesidad queda cubierta. Mantenme cerca de ti y dame la fuerza que necesito para continuar poniendo mi confianza en ti. Tú sostienes a los que esperan en ti, y les guardas en las pruebas y las dificultades.

Te ofrezco mi lealtad y pongo mi esperanza en la certeza de tus fieles promesas. Produce en mí el fruto de tu Espíritu y dame el privilegio de aportar otros fieles adherentes a la gran promesa de tu reino venidero. Me complace servirte, Dios mío, y actuar anticipando tu venida.

**¿Qué fruto ves como resultado de permanecer en Él?**

# TOTALMENTE COMPROMETIDO

"Que ustedes sean totalmente fieles al SEÑOR nuestro Dios; que siempre obedezcan sus decretos y mandatos, tal como lo están haciendo hoy".

1 REYES 8:61, NTV

Estoy muy agradecido contigo, Padre, por la bondad que me has mostrado, por la oferta de paz que me has hecho, por la misericordia que has derramado, y por el perdón que allana mi camino. Me entrego a ti con todas mis esperanzas y deseos.

Me encanta mostrarte honor mediante los mandatos que has establecido; que tu Espíritu Santo me fortalezca para mantener mi lealtad y resistir firmemente por este camino de vida. Escojo la devoción a ti antes que las cosas de este mundo. Llévame sano y salvo hasta el día en que establezcas tu justo gobierno en la tierra para que pueda disfrutar del fruto de tu poder. Aleluya y amén.

**¿Qué significa estar completamente consagrado al Señor?**

# LÍBRAME

"Y no nos dejes caer en tentación,
sino líbranos del maligno".
MATEO 6:13, NVI

Señor, lléname con tu Espíritu Santo y provee las vías de escape de las tentaciones siempre que el enemigo las presente. Magnifica la esperanza de tu reino venidero ante mis ojos para que me mantenga firme en mi búsqueda de tus promesas. Entonces no iré tras las efímeras distracciones con las que el diablo intenta seducirme.

Guíame hábilmente por el camino de la vida y sostenme con el alimento de tu instrucción. Te glorificaré en el día de tu visitación y exaltaré tu nombre ante las naciones. Que tus grandes misericordias se renueven cada día y que tu liderazgo se muestre fiel cada mañana.

**¿Qué hace que las tentaciones del maligno sean frecuentemente tan efectivas?**

# DAR CUENTA

Así pues, cada uno de nosotros tendrá que dar
cuenta de sí mismo a Dios.
ROMANOS 14:12, DHH

Mi Señor, me conmueve saber que has establecido a los
humanos para que gobiernen la tierra como portadores de
tu imagen. Nos has dado la responsabilidad de gobernar
rectamente en consonancia con tu sabiduría. No nos has
dejado sin instrucción, pues nos has dado las Escrituras
y has derramado tu Espíritu Santo sobre todos los que lo
piden. Tú has deseado un gobierno piadoso para bendecir a
los habitantes de la tierra y utilizar sabiamente sus recursos.

Dame el don de tu sabiduría para saber cómo actuar
apropiadamente en la jurisdicción que me has dado, sin
importar cuán pequeña pueda ser esa área. Concédeme
la capacidad de tomar decisiones sabias y tomarme esta
responsabilidad en serio, amando y cuidando de otros
mientras les dirijo hacia la sabiduría y misericordia de tus
buenas nuevas. Lléname para rebosar con la bondad de tus
esperanzas y deseos, para que las refleje en las decisiones
que tomo. Gracias por el gran honor de confiarme esta
tarea.

**¿Por qué daremos cuenta de las cosas que hemos
hecho en esta vida?**

# MUCHA GRACIA

De su plenitud todos hemos recibido
gracia sobre gracia.
JUAN 1:16, NVI

Padre, tú has sido muy bueno con tu pueblo, aunque todas las naciones han sido muy infieles contigo. Tú has dado tu instrucción; has derramado tu Espíritu, dejándonos saber tus deseos y planes. Incluso las estrellas declaran la majestad de tus buenas nuevas y tus grandes promesas. Te doy gloria por la magnitud de tu poder y bondad, por lo penetrantes que son, y por la profundidad de tu sabiduría en la forma en que has hecho que funcione la creación.

Enséñame las profundidades de tus caminos para que entienda mejor el regalo que has prometido y pueda mantener este camino de justicia más diligentemente. Por encima de todo, gracias por la misericordia que me has mostrado al permitirme acercarme a ti a pesar de mi gran indignidad. Vengo de personas que te han rechazado y se han vuelto a dioses que no te han servido. Continúa dándome misericordia hasta el día de tu regreso, porque anhelo glorificarte en medio de la gozosa asamblea.

**¿Cuál es el propósito detrás de la multitud de buenas dádivas de Dios?**

# SOLEDAD

Aunque mi padre y mi madre me abandonen,
el Señor me mantendrá cerca.
SALMO 27:10, NTV

Padre, tú eres bueno conmigo y me has dado el derecho de ser llamado conforme a tu nombre. Dame la fuerza para mantener mi lealtad a ti y la promesa de tu reino venidero. Quédate conmigo incluso si mis amigos y familiares me abandonan por causa tuya, y vindica tu nombre ante sus ojos por tu fidelidad. Que tus caminos sean magnificados ante las naciones mientras cumples tus promesas de establecer a tu pueblo.

Que tu bendición fluya a todas las naciones como los poderosos ríos fluyen hasta el mar. Tus promesas son sí y amén por la naturaleza de tu amor y la fidelidad a tu creación. Tú establecerás a los que llamas tuyos. Anhelo ser contado entre ellos cuando regreses. Sé exaltado y magnificado en la tierra, para que tanto el cielo como la tierra canten tus alabanzas a una sola voz.

**¿A quién llama el Señor sus amigos?**

# REFRESCA Y RESTAURA

Es inútil que te esfuerces tanto,
desde temprano en la mañana hasta tarde en la noche,
y te preocupes por conseguir alimento;
porque Dios da descanso a sus amados.
SALMOS 127:2, NTV

Mi Señor y Rey, pongo mi confianza en ti para que cuides de mis necesidades diarias. Tú tienes el poder y la fidelidad para cuidar de los tuyos, e incluso derramas tu bendición sobre tus enemigos, así que no tengo necesidad de temer por mi vida. Tus promesas de provisión hacia los que permanecen fieles a tus buenas nuevas son incomparables.

Enséñame tu camino y muéstrame la senda que has establecido delante de mí, guiándome al trabajo que deseas que haga en esta vida en lugar de esforzarme constantemente solo por preservar esta vida tan efímera. Tú has dispuesto que trabajemos con nuestras manos para producir nuestra comida y, sin embargo, eso no debería ser mi principal enfoque. Moldéame y conviérteme en el hombre que quieres que sea para que te glorifique y te dé gracias en todos tus caminos.

**¿Sobre qué está puesta finalmente tu esperanza?**

# UN CORAZÓN DISPUESTO

Por lo tanto, amados hermanos, les ruego que entreguen su
cuerpo a Dios por todo lo que él
ha hecho a favor de ustedes. Que sea un sacrificio
vivo y santo, la clase de sacrificio que a él le agrada.
Esa es la verdadera forma de adorarlo.

ROMANOS 12:1, NTV

Me consagro a ti y me entrego a tus mandamientos y edictos, oh gran Rey. Que la ofrenda que te doy te agrade, aunque no hay mucho en mí. Tú has dado y tú puedes quitar, y estoy a expensas de ti y a tu servicio. Logra hacer tu buena obra en mí y a través de mí con todas las personas que has puesto en mi camino.

Dame la sabiduría y la capacidad de ser fiel a tus mandamientos, y ayúdame a seguir colaborando para ver que otros se consagren a tus promesas. Que los recursos que me confías produzcan un gran retorno; muéstrame el camino para utilizarlos para tu servicio. Estoy deseoso de poner mi atención en las tareas que creas oportuno darme y en terminarlas para glorificarte.

**¿De cuál tipo de servicio se agrada Dios?**

# ACEPTAR A OTROS

Por lo tanto, acéptense unos a otros, tal como Cristo los aceptó
a ustedes, para que Dios reciba la gloria.
ROMANOS 15:7, NTV

Dios, lléname del deseo de hacerme amigo y de ser amable
con los demás creyentes. Ayúdame a tener deferencia
por sus necesidades y no afirmar mis propios derechos
cuando ambas cosas entren en conflicto. Recuérdame el
amor y cuidado que tú me has dado, que tú no afirmaste tu
derecho a tratarme como merecían mis acciones. Si alguien
es digno de salirse con la suya eres tú, Padre, y sin embargo
te refrenaste de hacer que sucediera para que tu ira no nos
consuma a todos.

Tú has deseado que una descendencia piadosa llene la
tierra de personas justas, así que te has dispuesto a atraer a
los que te maltratan para que cambien sus caminos y sean
salvos. Haz que yo desee tratar a otros de forma similar
para que tengas el tiempo de moldearlos, y a mí también,
para que nos convirtamos en personas con las que tú te
agradas. Gracias por tu bondad y por darme un favor que
no merezco.

**¿Por qué es importante refrenar el deseo de afirmar
nuestros derechos en este mundo?**

# CORRE PARA GANAR

*¿No saben que en una carrera todos los corredores compiten,*
*pero solo uno obtiene el premio?*
*Corran, pues, de tal modo que lo obtengan.*
1 Corintios 9:24, nvi

Entréname y fortaléceme, Señor mío, para que sea diligente y viva mi vida dedicado plenamente a obtener la vida en la siguiente era. No dejes que me conforme con las pequeñas victorias en esta vida como si fueran el objetivo al que estaba apuntando. No busco ver milagros, aunque éstos me empoderan. No busco ser profeta, aunque la profecía me impulsa. No busco ser predicador, aunque la enseñanza me equipa.

Dame la justa instrucción y la sana disciplina que me preparen para soportar el dolor y el cansancio que inevitablemente experimentaré. No estaré satisfecho con las recompensas temporales de esta vida, sino que proseguiré para recibir todas las promesas que has puesto delante de los que insisten en cultivar la justicia hasta el final de los tiempos.

**¿Alguna vez has pensado que recibir el premio de la vida era una conclusión ineludible? ¿Cuál es la razón del continuo recordatorio de seguir corriendo?**

# PERDONADO

> "Cuando estén orando, primero perdonen a todo aquel contra quien guarden rencor, para que su Padre que está en el cielo también les perdone a ustedes sus pecados".
>
> MARCOS 11:25, NTV

Perdóname mis afrentas a tu autoridad y soberanía, poderoso Rey. Me postro ante ti en humildad con el conocimiento de las maneras en las que he trabajado contra tu voluntad. No he guardado tu autoridad en mis pensamientos, sino que por el contrario he tomado mi propio camino para cumplir mis propios deseos. Contigo, y solo contigo, estoy en deuda porque tú reinas sobre todas las cosas.

Señor, concédeme que también perdone a mi prójimo por las cosas que percibo que ha hecho contra mí. Ayúdame a tratarlos con el honor y el respeto que estoy buscando de ti. Llena mi corazón con tu actitud perdonadora y conforma mi espíritu según tu compasión. Sé glorificado en la tierra, oh Señor, por tu gran amor.

**¿Qué tiene el perdonar a otros que abre la puerta para que Dios nos perdone?**

# REGALOS DISFRAZADOS

Sean agradecidos en toda circunstancia, pues esta es la
voluntad de Dios para ustedes,
los que pertenecen a Cristo Jesús.

1 TESALONICENSES 5:18, NTV

Padre, estoy agradecido contigo por la gran misericordia
y amor que has derramado mediante las buenas nuevas
de la muerte, resurrección y regreso de Jesús. Es difícil
saber, incluso para mí, lo bueno que has sido conmigo, y mi
corazón te alaba y te da gracias por tu bondad. Ayúdame
también a ser agradecido contigo esas veces en las que no
veo nada bueno, ayúdame a reconocer que estás usando
las circunstancias de la vida para moldearme para que sea
el tipo de ser humano que siempre quisiste que fuera.

Tú has dicho que haces que todas las cosas ayuden para
el bien de los que has llamado conforme a tu propósito.
Gracias por permanecer a mi lado, haciendo que todo
actúe hacia ese fin, para que en el día de tu regreso sea
recompensado con la vida eterna.

**¿Qué cosas estás experimentando ahora mismo que
no parecen buenas o útiles? ¿Puedes ver cómo quizá
están siendo usadas para formar un corazón recto
dentro de ti?**

# INSPÍRAME

Así que Dios creó grandes criaturas marinas y todos los seres
vivientes que se mueven y se agitan en el agua y aves de todo
tipo, cada uno produciendo crías de la misma especie.
Y Dios vio que esto era bueno.
GÉNESIS 1:21, NTV

Tus obras son magníficas y merecedoras de alabanza. Tu
poder y creatividad son asombrosos. No tienes igual, oh
Señor, y tu majestad es increíblemente maravillosa. Me
conmueven tus obras y la forma en que has puesto en
marcha la creación; tú la sostienes por tu voluntad, y tu
deseo es verla prosperar. Tú has establecido tus planes con
una asombrosa sabiduría, y el camino que has establecido
para la salvación es inspirador por la manera en que formas
un carácter recto.

Te doy gracias por tu Espíritu Santo que me anima y
fortalece. También me recuerda la maravilla de tus obras y
la multitud de formas en las que has sido fiel a tu Palabra y a
tu pueblo. Mantenme enfocado en tus buenas obras y en la
majestad de tu reino venidero para que no esté ansioso por
los problemas del mundo. Me gozo al verte obrar, oh Señor.
¡Sé glorificado!

**¿Cómo ha inspirado la creatividad de Dios tu propia
imaginación?**

# SIN RESERVAS

"Si me aman, obedezcan mis mandamientos".
JUAN 14:15, NTV

¡Oh Señor mi Dios, cuán majestuoso es tu nombre en toda la tierra! Tus mandamientos inspiran asombro en mí. Has establecido la bondad y la justicia por tu gran sabiduría. Te pido que tu Espíritu Santo me llene del deseo de obedecerte, de mostrar mi devoción a ti y tu gobierno mediante mi obediencia voluntaria a tus caminos.

Ayúdame a permanecer fuerte en los dictados de tu justicia, Padre, porque no son gravosos ni causan cansancio, sino que me llevarán por la senda que conduce al tiempo de refrigerio de la restauración que has prometido. Espero seguirte con todo mi deseo y toda mi fuerza, así que ayúdame a amarte con todo lo que tengo.

**¿Cuáles son los mandamientos a los que Jesús se refiere aquí?**

# FUERZA RENOVADA

En cambio, los que confían en el SEÑOR encontrarán nuevas
fuerzas; volarán alto, como con alas de águila.
Correrán y no se cansarán;
caminarán y no desmayarán.

ISAÍAS 40:31, NTV

Oh Señor, te anhelo y me duelo por la revelación de tu gran
obra en la tierra. Clamo a ti para que cumplas tus promesas.
¿Cuánto más tiempo tendremos que esperar, oh Dios? Sin
embargo, te esperaré y te buscaré; anticiparé tu venida.
Como un niño que espera la llegada de su padre de un
largo viaje, estoy deseoso y con anticipación. El día de tu
venida estará lleno de regocijo y gloria.

Dame la gracia y la paciencia para permanecer fiel hasta
tu venida. Ayúdame a ser firme y a no dormirme, como me
suele ocurrir. Que tu Espíritu sea un regalo favorable para mí
que me fortalezca mientras espero. Anhelo estar satisfecho
contigo y con tus grandes promesas.

**¿Cuál es el propósito de esperar en el Señor?**

# ÉPOCA DE TRISTEZA

Pues, ya que creemos que Jesús murió y resucitó,
también creemos que cuando Jesús vuelva, Dios traerá junto con él
a los creyentes que hayan muerto.

1 Tesalonicenses 4:14, ntv

Amado Padre, tú conoces mi corazón ahora mismo, cómo
me duele por la pérdida de mi ser querido. El hueco que crea
su ausencia es importante, y no siempre sé cómo manejarlo.
Anhelo su presencia nuevamente. Padre, no entiendo por
qué somos creados para formar estos lazos tan hondos con
otras personas para después ver cómo esas relaciones se
rompen por la muerte. ¡Es un gran dolor que soportar!

Padre, oro para que tu Espíritu me recuerde las buenas
noticias de tu restauración y resurrección. Es muy fácil caer
en la trampa de creer que esta separación es permanente,
aun cuando mi mente me dice que un día nos volveremos
a ver. Ayúdame a ver esta separación como una marcha
temporal para que me consuelen tus buenas nuevas.
Magnifica la verdad de tus promesas de restauración dentro
de mí para que no me marchite bajo esta nube de tristeza.
Gracias por entender lo que atravesamos en esta vida y por
proveer medios de consuelo y reunión.

**¿De qué forma el ver la pérdida de un ser querido
como un largo viaje en lugar de una marcha
permanente puede cambiar la forma en que
abordamos esa separación?**

# AMANDO BIEN

"Así que ahora les doy un nuevo mandamiento: ámense unos a otros. Tal como yo los he amado, ustedes deben amarse unos a otros".
JUAN 13:34, NTV

Padre Dios, cuando pienso en las formas en que me muestras tu amor, en las diversas maneras en que provees para mis necesidades básicas, en el hecho de que te has acordado de mí incluso cuando mis ancestros se olvidaron de ti, en la extravagancia de cómo has provisto para que pueda ser restaurado, y en la forma en que te entregas, ¡me quedo asombrado! ¿Cómo puedo yo amar a otros de esa forma? ¿Cómo puedo seguir tu ejemplo?

Fortalece mi espíritu para acercarme a otros con lo que tengo que ofrecer. Ayúdame a interesarme por mi prójimo incluso cuando no sea necesario para mi propio beneficio. Abre mis ojos para que vea verdaderamente a otros en lugar de permitir que mi propio interés estreche mi perspectiva. Que otros vean tu amor en mi forma de amar.

**¿De qué forma este mandamiento que Jesús da es un nuevo mandamiento?**

# ENTREGA TUS CARGAS

Entrégale tus cargas al SEÑOR, y él cuidará de ti;
no permitirá que los justos tropiecen y caigan.
SALMOS 55:22, NTV

Amado Señor, toma las cargas que llevo sobre mí con tanta facilidad. Recuérdame tu bondad y la naturaleza temporal de esta vida y de los afanes de este mundo, considerando la grandeza de tus promesas para el siglo venidero. Tú eres más que capaz de cuidar de mí en tiempos de necesidad ahora, pero aunque no siempre aparezcas de la forma que creo necesitar, tú has prometido sostenerme y ayudarme a encontrar mi camino. Ayúdame a descansar en ese conocimiento y no ser tentado a preocuparme por las cosas difíciles que enfrento y soporto ahora.

Oro para que tú seas levantado en mis pensamientos como el gran Rey que eres, para que pueda descansar seguro de la bondad de tus promesas que son ciertas y veraces por tu poder y autoridad para hacer que se cumplan. Magnífico Señor, estoy muy agradecido por tus caminos y tu apoyo.

**¿Qué cargas llevas sobre ti que parecen ser demasiado grandes ahora pero que en verdad palidecen a la luz de la esperanza prometida por Dios?**

# COMPASIÓN SOBRE COMPASIÓN

"Dios bendice a los compasivos,
porque serán tratados con compasión".
MATEO 5:7, NTV

Padre misericordioso, fortaléceme para ser compasivo con mis palabras, con mis actitudes y con mi modo de tratar a los demás. Recuérdame tu compasión para que viva con misericordia hacia otros. Tú eres el más grande, y de ti proviene todo lo bueno; sin embargo, has sufrido afrentas más que nadie. Tú has recibido más enemistad y rebelión que nadie, pero tratas a tu creación con misericordia, refrenando tu justicia y llamando a las personas a un arrepentimiento salvífico.

Quiero ser como tú, Padre, haciendo el bien a todos, incluyendo a los que me maltratan o que no son cuidadosos en sus formas. Que mi conducta compasiva ayude a atraer a otros a tu gracia para su propio beneficio y salvación.

**¿Cómo afecta tu actitud compasiva la actitud de Dios hacia ti?**

# LISTOS PARA ESCUCHAR

Mis queridos hermanos, tengan presente esto:
Todos deben estar listos para escuchar,
y ser lentos para hablar y para enojarse.
SANTIAGO 1:19, NVI

Padre, tú eres grande en todos tus caminos y en tu majestad. ¿Qué soy yo ante ti? Espero aprender de la sabiduría de tu Espíritu Santo. Ayúdame a esperar pacientemente delante de ti y a escuchar lo que tienes que decir. Ayúdame a escuchar las experiencias de otras personas y a procesar las cosas que no he visto personalmente. Que mis palabras sean pocas ante ti y ante los demás, sin desear exaltar mis propias experiencias y pensamientos como si fueran lo más importante.

Prepárame, Señor, para recibir instrucción que esté en consonancia con tu Palabra y el Espíritu en el que fue dada. Que también sea lento para enojarme con los demás, y en cambio los trate como si fueran mejores que yo, no queriendo hablar mal de otros fácilmente sin saber más de sus circunstancias. Lléname con tu gracia y paciencia como una señal de mi creencia en tu juicio y restauración prometidos.

**¿Cuál podría ser la consecuencia de estar listo para escuchar, y ser lento para hablar y para enojarse?**

# DONES PARA SIEMPRE

Pues lo que Dios da, no lo quita, ni retira tampoco su llamamiento.
ROMANOS 11:29, DHH

Dios, tú eres un buen padre y creador que me muestras bondad de muchas maneras, pequeñas y grandes. Me has creado a tu imagen y me has dado dones que son particularmente míos. Gracias por tu disposición favorable hacia mí. Ayúdame a hacer uso de estos dones y a no desperdiciarlos o darlos por sentado. Lléname del deseo y de ideas sobre cómo utilizar los dones que me has dado. Tú tuviste un propósito con que yo los recibiera; te pido tu ayuda para usarlos.

Me asombro por el modo tan formidable en que me creaste, y quiero hacer un buen uso de los recursos que has puesto a mi disposición especialmente para glorificarte con ellos. Padre glorioso, que vea con claridad tu voluntad y tus planes para que no use estos dones de una forma carente de significado. Exalta tu nombre en la tierra y ayúdame a declarar tus buenas nuevas con las herramientas que me has provisto.

**¿Cómo te anima la firmeza de los dones de Dios al caminar hoy fielmente?**

# MIENTRAS ESPERO

Así que, ¡sean fuertes y valientes,
ustedes los que ponen su esperanza en el SEÑOR!
SALMOS 31:24, NTV

Mi Señor y mi Dios, al mirar a mi alrededor y ver el mundo que me rodea, me anima ver la belleza de tu creación, aunque anhelo ver la renovación de tu restauración prometida. ¡Espero expectante tu venida! Concédeme paz de mente y corazón cuando las murallas del mundo parezcan aplastarme a mi alrededor. Sé que el mundo no puede impedir lo que vas a revelar en el día de tu venida, así que me animo.

Ayúdame a disfrutar de la belleza que me rodea, Padre, y a no dejarme vencer por la desesperación de lo que es feo u oscuro. Me encantan tus buenas obras y los milagros que has establecido, tanto los que ocurren diariamente como los que has prometido hacer.

**¿Qué es exactamente lo que te anima mientras esperas a Dios?**

# TODO LO QUE ES BUENO

Todo lo que es bueno y perfecto es un regalo que desciende a nosotros de parte de Dios nuestro Padre, quien creó todas las luces de los cielos. Él nunca cambia ni varía como una sombra en movimiento.

SANTIAGO 1:17, NTV

Padre de las luces, tú eres magnífico en todos tus caminos y en la fidelidad con la que me guías por las sendas de justicia. Tú sabes lo que necesito; tú estás lleno de sabiduría, mi Creador. Tú me das lo que es bueno para la vida y para la justicia mientras me alejas de lo que es malo para mí.

Cuando miro la creación que has hecho, y el entorno donde me has puesto, cómo hiciste que produjera alimentos y materiales que dan vida, cómo estableciste los medios para tener comunión y animarnos unos a otros, estoy agradecido por las profundidades de tu imaginación y las maneras en que me das regalos, tanto a mí como a todos los que viven dentro de tu dominio.

**¿Por qué un regalo se denomina como bueno cuando viene del Padre cuando podría ser malo si viniera de otra fuente?**

# HABLA DE AMOR

Si declaras abiertamente que Jesús es el Señor y crees en tu
corazón que Dios lo levantó de los muertos, serás salvo.
Pues es por creer en tu corazón que eres hecho justo a los ojos
de Dios y es por declarar abiertamente tu fe que eres salvo.
ROMANOS 10:9-10, NTV

Dios amoroso, tu fidelidad no ha fallado, y tus promesas
siguen siendo "sí y amén". Tú has establecido a Jesús como
el gobernador de toda la tierra, pero murió conforme a tus
propósitos. Aun así, le resucitaste de la muerte y mostraste
a toda la tierra, a toda la humanidad y a las profundidades
de mi corazón, que tu amor habla desde las profundidades
de la muerte, y tú establecerás tus buenos planes según tu
gran poder.

Tu amor y gran bondad hacia la humanidad han sido obvios
para todo el que es consciente, y declararé la verdad de la
restauración de Jesús, esperando ansiosamente el día de
su regreso.

**¿Cómo testifica a tu corazón la resurrección de Jesús
que Dios es amor?**

# PLENA HUMILDAD

Recuérdales a todos que deben mostrarse obedientes y sumisos
ante los gobernantes y las autoridades. Siempre deben estar
dispuestos a hacer lo bueno: a no hablar mal de nadie, sino a
buscar la paz y ser respetuosos, demostrando plena
humildad en su trato con todo el mundo.

TITO 3:1-2, NVI

Glorioso Padre, tú eres bueno y maravilloso en tus caminos.
Confío en ti de todo corazón y espero la recompensa que
has prometido en el día de tu venida. Concédeme la paz de
mente y de espíritu que se traduce en bondad y humildad
hacia todos los que conozca. Tú has establecido tu voluntad
y autoridad, y pongo mi confianza en tus decisiones. Que los
líderes que has establecido reinen justamente delante de ti, y
dame la gracia para obedecerles como lo haría contigo.

Sé que eres el gran Rey y juez que castigará toda actividad
malvada y pondrá fin a los caminos perversos de los
hombres en la tierra, así que quedaré satisfecho el día de
tu gloria. Espero en ti porque tú eres el juez justo y harás
justos juicios. Tu corazón desea mostrar compasión, pero no
tolerarás el mal para siempre. Puedo estar seguro de este
conocimiento e incluso ofrecer paz a mis enemigos porque
sé que no ignorarás sus acciones.

**¿Por qué eres alentado a ser obediente, humilde y
pacífico en toda circunstancia?**

# FEBRERO

¡Refúgiense en el Señor
y en su fuerza,
busquen siempre su
presencia!

1 Crónicas 16:11, NVI

# LA PRIMERA PIEDRA

Como ellos seguían exigiéndole una respuesta, él se incorporó nuevamente y les dijo: «¡Muy bien, pero el que nunca haya pecado que tire la primera piedra!».

JUAN 8:7, NTV

Señor Dios, tú me has perdonado y has sido misericordioso conmigo de muchas maneras. Quiero ser bueno y cuidadoso con los demás de la misma forma. Tú no quieres que nadie se pierda; prefieres verlos dejar de hacer cosas contra ti, que se vuelvan a ti y sean redimidos. Dame la habilidad para ver a los demás como individuos que merecen la misericordia tanto como yo, y al considerar tu verdadera misericordia, estar dispuesto a permanecer con ellos en la verdad para que sigan el camino de la justicia.

Ayúdame a seguir el ejemplo de Jesús y a ayudar a los malvados, llamándolos a que se vuelvan de sus caminos mientras estoy dispuesto a aceptar incluso la muerte por causa de ellos. Sé que tú me has mostrado una gran compasión, y no actuaré arrogantemente con los demás. Que tu nombre sea glorificado en la tierra por tu gran misericordia.

**¿Cómo balanceas una actitud misericordiosa con un llamado al arrepentimiento?**

# TODO LO QUE NECESITE

Y este mismo Dios quien me cuida suplirá todo lo que necesiten,
de las gloriosas riquezas que nos ha dado
por medio de Cristo Jesús.

FILIPENSES 4:19, NTV

Padre amoroso, pongo mi confianza en ti para mi provisión. Aunque es fácil poner mi esperanza en mi propia fuerza o capacidad, en los trabajos que hago, la tarea que puedo desempeñar o las ocupaciones que puedo llevar a cabo, escojo confiar en ti para mis necesidades porque tú eres firme y seguro en tu provisión. Cualquier cosa en la que pueda poner mi mano para hacer puede fallar, pero tú tendrás éxito, así que confío en ti en lugar de confiar en mí mismo.

Señor, tú sabes cómo oscila mi corazón. Muéstrame tu amor y recuérdame tus obras de justicia y fidelidad tanto en la historia como en mi propia vida. Se me olvida fácilmente tu bondad en el discurrir de la vida, así que te pido que sigas mostrándome tu provisión día a día para que no se me olvide. Anhelo tu venida, y sé que en ese día todas mis necesidades serán cubiertas de manera más sustancial de lo que puedo esperar o imaginar. ¡Gracias por el ánimo de tus buenas nuevas!

**A la luz de las buenas nuevas, ¿qué significa que Dios suple tus necesidades?**

# PLACERES SENCILLOS

El Señor cuida de los sencillos.
Cuando yo estaba sin fuerzas, me salvó.
SALMOS 116:6, DHH

Padre, gracias por tu ayuda cuando la vida se desmorona a mi alrededor. Cuando estas cosas me suceden, recuerdo que no soy tan grande y asombroso sino solo un mero mortal que camina por este mundo. Me humillo y me pongo en un lugar que me hace clamar a ti por necesidad. Te estoy muy agradecido, porque escuchas ese clamor y respondes.

Tú no respondes a los que están inflados de orgullo por sus circunstancias en lugar de ser humildes. Tú sostienes a los quebrantados y a los que reconocen que no tienen estatus para demandar un beneficio del mundo. Tú acudirás a ellos y los rescatarás de esta vida de fatiga, y los establecerás en la restauración de toda la creación. Por lo tanto, te glorificaré como alguien que te lo debe todo, porque me has dado gratuitamente de tu favor incomparable.

**En el contexto de la humildad, el quebranto y el estatus bajo, ¿qué significa ser como un niño?**

# FUENTE DE PODER

Él da poder a los indefensos
y fortaleza a los débiles.
ISAÍAS 40:29, NTV

Padre, eres hermoso y maravilloso en tus caminos.
Tú me refrescas con tu Espíritu y me levantas con tu
bondad. Fortalece mi debilidad, Señor, y hazme capaz de
permanecer contigo. Ayúdame a caminar incluso cuando
tengo ganas de esconderme. No me siento capaz de
continuar, pero tú eres más que capaz de sostenerme.
Déjame beber profundamente del agua viva que prometes
dar a los que ponen su confianza en ti. Necesito el pan que
tú ofreces para revivir del todo.

Sé glorificado, mi Dios, en el testimonio de los débiles que
han clamado a ti, porque nuestras historias hablarán de la
fidelidad y seguridad de tu grandeza.

**¿Cuál es la meta del fortalecimiento que Dios da
cuando clamas a Él en debilidad?**

# NO HAY MILAGRO PEQUEÑO

Tú eres el Dios que realiza maravillas;
el que despliega su poder entre los pueblos.

SALMOS 77:14, NVI

Señor, cuando pienso en las obras de tus manos, en la extensión de tu creación, en el modo en que rescataste a tus escogidos de la esclavitud y los llevaste a su tierra prometida, ¡me fascinan tus obras milagrosas! Tú te has dado a conocer al mundo, y declaras tu majestad. Tú has prometido una restauración total de la tierra, y confirmas el testimonio de esta promesa mediante señales y prodigios realizados entre las naciones de la tierra.

Señor, es mi oración que seas magnificado en mi vida ahora de la misma manera. Tus obras son grandes; oro pidiendo tu toque milagroso en estas circunstancias ahora. Magnifica tu nombre y tus promesas mediante tus grandes obras.

**¿Cómo puedes recordarte a ti mismo las obras milagrosas de Dios cada día?**

# INSPIRADO PARA AGRADAR

"¡Tengan cuidado! No hagan sus buenas acciones en público para que los demás los admiren, porque perderán la recompensa de su Padre, que está en el cielo".

MATEO 6:1, NTV

Padre mío, tú eres grande en todos tus caminos y glorioso de contemplar. Que mi deseo sea agradarte con mis acciones. Me veo persuadido fácilmente a intentar conseguir la aprobación de otras personas, pero es tu aprobación lo que vale más que cualquier riqueza o elogios personales que pueda obtener debido a que la gente piense bien de mí. Tú eres el que recompensa con vida eterna a los que actúan bien ante tus ojos. Ayúdame a recordar que las personas son iguales que yo, y no el estándar de aprobación.

Cuando me consume el hecho de ser aceptado por las personas, a menudo pierdo de vista tus grandes promesas y la sabiduría de una vida vivida anticipando tu venida. Padre, oro para que te agrades con mi ofrenda y seas glorificado en mi testimonio. Que mis obras se vean en tu trono, y la alabanza que reciba sea la que venga de tu boca.

**¿Qué piensas que está mal en el hecho de buscar la aprobación de los hombres?**

# CONFIANZA

Por lo tanto, no desechen la firme confianza que tienen en el Señor. ¡Tengan presente la gran recompensa que les traerá!

HEBREOS 10:35, NTV

Oh Señor y gran Dios, tú eres santo y digno de ser alabado en todos los sentidos. Exalto tu gran nombre, y anhelo ver tu rostro con mis propios ojos en la tierra de los vivientes. Tú mereces todo el honor y la alabanza, Padre exaltado, porque tus obras de justicia son magníficas. Tú has establecido tus planes con certeza y, sin duda alguna, harás que se cumplan.

Tú cumplirás lo que has prometido con gran poder. Mi corazón desea estar contigo en ese día y ser participante de tu gran recompensa. Acércame por tu Espíritu Santo y moldéame para que tenga el carácter de tu Hijo Jesús. Que mi vida modele la suya y mis deseos reflejen los suyos, que también son los tuyos. Glorifícate en la tierra, oh Dios, así como sucede en los cielos.

**¿Cómo puedes desechar tu confianza?**

# MANTENTE FIEL

Si somos infieles, él permanece fiel,
pues él no puede negar quién es.
2 TIMOTEO 2:13, NTV

Padre glorioso, te doy las gracias por ser tan fiel. Tú eres fiel a tu Palabra y a tus promesas, y no te desvías de ellas. Ayúdame a ser como tú en fidelidad. Te pido que tu Espíritu Santo me llene de sabiduría y entendimiento para ser fiel en todos mis tratos. Tú no recompensas a la persona que tiene doble cara y que no se puede confiar en ella.

Tú me has llamado a ser una persona cuya palabra sea sí o no, y que se pueda confiar en lo que dice. Este es tu carácter, y deseas ver eso también en mí. Perdóname, Señor, por las veces que no he sido fiel contigo y con otros. Restáurame la fidelidad por causa de tu nombre, para que el mundo pueda tener un verdadero testimonio de tu carácter.

**¿A qué promesas será Dios fiel porque no puede negarse a sí mismo? ¿Son solo buenas promesas, o algunas son menos deseables? ¿Cómo afecta eso tu manera de vivir delante de Él?**

# TODO CAMBIA

> Sé diligente en estos asuntos; entrégate de lleno a ellos,
> de modo que todos puedan ver que estás progresando.
> 1 TIMOTEO 4:15, NVI

Señor, tú me has dado tu Palabra y tu Espíritu para que pueda crecer en madurez y carácter en el molde de Jesús. Gracias por tu provisión benevolente. Que dé fruto continuamente en mi vida para que sea hallado como Jesús ante tus ojos: justo, humilde y sacrificado. Que otros vean cómo estoy cambiando para que puedan glorificarte ahora y en el día de tu visitación. Quiero que ellos también sean salvos del día de la ira venidera. Levántame para que no tropiece en los caminos escarpados; ayúdame a enderezar las sendas que me guían hasta ti.

Tú eres muy bueno conmigo y levanto mis ojos a ti, consagrándome a tus caminos y enseñanzas para terminar esta carrera que has puesto delante de mí. Cuando la comencé, no estaba preparado para terminarla, pero tú me has suplido de todo lo necesario para crecer en piedad y fe. ¡Gracias, Padre mío!

**¿Cómo ha estado el Señor cambiándote por dentro, y con qué propósito está haciendo esa obra?**

# LUZ, AMOR Y VERDAD

Pero Pedro y los apóstoles respondieron:
—Nosotros tenemos que obedecer a Dios
antes que a cualquier autoridad humana.

HECHOS 5:29, NTV

Padre, muchas cosas de esta vida buscan hacer que deje de seguir tu camino, pero te pido que la luz de tu verdad siempre brille en mi senda. Guíame en el camino de la paz y la justicia, y fortaléceme para hacer como has ordenado. Es muy fácil desviarse y hacer lo que hacen otros, seguir sus pasos e intentar estar en paz con ellos en lugar de hacer lo que tú me has llamado a hacer. Ayúdame a seguirte mientras muestro verdadero amor a los que me rodean.

Ayúdame a testificar a otros de que la razón de que yo vaya por un camino distinto se debe a tus grandes promesas, que tú regresarás para restaurar la tierra y traerás contigo justicia. Que tu Espíritu subraye la verdad de tu amor eterno a todos los que me encuentre por el testimonio de mi vida y mi palabra.

**¿Qué mensaje envías a otros cuando escoges obedecer lo que has recibido de Dios antes que obedecer los mandatos que da el mundo?**

# EL ESPEJO

Esto significa que todo el que pertenece a Cristo se ha convertido
en una persona nueva. La vida antigua ha pasado;
¡una nueva vida ha comenzado!

2 Corintios 5:17, ntv

Renueva mi espíritu según tus grandes y maravillosas
obras, Dios mío. Haz que mis deseos regresen al sendero
de la justicia como tú querías que fuera en el comienzo.
Endereza mis sendas mientras buscan directamente la
renovación que has prometido. Que pueda vivir ahora
según la naturaleza de la esperanza que has declarado que
ciertamente vendrá.

En el poder de tu Espíritu Santo y según su dirección,
reflejaré la gloria del carácter de Jesús y sus caminos. Él es
el segundo Adán, el que ejemplificó con precisión lo que
tú siempre habías deseado que fuera la humanidad en la
tierra, y pongo mi confianza en que tú resucitarás a todos
los que buscan alcanzar su ejemplo. Que mi deseo de
alcanzar metas falsas y vanas se desvanezca en la distancia
al poner mis ojos plenamente en la recompensa del Mesías
resucitado.

**¿Qué aspectos de tu vida y tus ambiciones aún tienen
que ser conformados a la imagen de Jesús?**

# EN TODA CIRCUNSTANCIA

Sé lo que es vivir en la pobreza, y lo que es vivir en la abundancia. He aprendido a vivir en todas y cada una de las circunstancias, tanto a quedar saciado como a pasar hambre, a tener de sobra como a sufrir escasez.

FILIPENSES 4:12, NVI

Tú me has mostrado la clave del verdadero gozo, oh Señor: el conocimiento de tu fiel amor que cumple tus promesas. Puedo soportarlo todo en esta vida, bueno o malo, porque tú me estás enseñando que alcanzar un lugar en la resurrección futura es la verdadera meta que produce felicidad. Aunque muchas cosas en esta vida intentan derribarme, golpearme y destruirme, aún vivo en gozo y fortaleza porque la promesa de tu resurrección y restauración ciertamente se cumplirá.

Tú harás lo que has prometido, y ese conocimiento me llena de verdadera esperanza. Que mi vida refleje ese conocimiento y que otras personas lo vean en mí y crean mis palabras.

**¿Qué te anima cuando tus circunstancias comienzan a drenar tu contentamiento y gozo?**

# EXAMÍNAME

Examíname, oh Dios, y conoce mi corazón;
pruébame y conoce los pensamientos que me inquietan.
SALMOS 139:23, NTV

Padre, te pido que transformes las motivaciones de mi
corazón y me dirijas a la verdadera meta de esta vida.
Tú no me has traído a esta vida solo para esta vida, sino
que desde el comienzo has puesto la restauración como
la verdadera meta. Los justos que han existido antes
miraron el cumplimiento de tus promesas en el día de la
resurrección, y yo quiero ser contado entre ellos.

Examíname, oh Dios, y trata las impurezas de mis caminos
y el deseo de preservar todo lo que pueda en esta vida. Tú
valoras la vida, y me encanta la forma en que has buscado
enriquecer nuestra experiencia, pero también sabes que
esta vida es meramente vapor comparada con la gloria
que tienes preparada. Tú deseas que testifique de tu
futura grandeza mediante el modo en que me doy a otros,
especialmente a mis enemigos. Te serviré diligentemente
en esto. Magnifícate en mí.

**¿Cuál es la razón de pedirle a Dios que examine lo
profundo de tu ser?**

# TÚ ERES AMOR

Pero el que no ama no conoce a Dios, porque Dios es amor.

1 JUAN 4:8, NTV

Enséñame las profundidades de tu amor, Padre, para que pueda amar a otros de verdad. Usamos de forma muy liviana la palabra, y muy pocos realmente sabemos lo que significa amar a otros. Tú eres fiel a tus promesas y no renuncias a tus obligaciones. Tú llamas a los que te han dado la espalda a que vuelvan, y adviertes a las personas antes del resultado final del camino que han escogido seguir. Tú eres diligente en cuidar a los que han sido encargados a tu cuidado, y no los dejas ni te olvidas de ellos.

¿Cómo puedo ser llamado según tu nombre y tus propósitos si no soy confiable? Ayúdame a cuidar de tu pueblo como tú lo haces; deseo seguir tus pasos. Haz que tu nombre sea exaltado entre las naciones por el amor que tu pueblo muestra en consonancia con tu ejemplo.

**¿Cuáles son algunas diferencias entre la forma en que Dios ama y la forma en que el mundo ama?**

# UN CORAZÓN

"Les daré integridad de corazón y pondré un espíritu nuevo
dentro de ellos. Les quitaré su terco corazón de piedra
y les daré un corazón tierno y receptivo".

EZEQUIEL 11:19, NTV

Lléname de tus deseos y de tu voluntad para que siga tu camino, Señor mi Dios. Que no me endurezca contra tu Espíritu, sino que Él me acerque a ti. Moldéame según el carácter de Jesús, el modelo a cuya imagen fueron creados los humanos y cuya vida sirve como nuestro ejemplo. Ayúdame a no tener doble ánimo en mi caminar, mirando a la esperanza de tus buenas nuevas y también a la efímera satisfacción de esta vida. Que mi propósito sea conforme a tus propósitos y mis deseos conforme a tu voluntad.

Me asombro de que hayas hecho tantas personas distintas, pero a la vez nuestras metas podrían alinearse entre sí, dirigidas hacia el propósito de la reconciliación y restauración que has establecido en tu buena voluntad. Haz que esté unido a ti y a tu pueblo para que te glorifiquemos en paz y armonía en el día de tu visitación.

**¿Cuál es el enfoque principal que Dios quiere inculcar en ti?**

# CADA OPORTUNIDAD

Así que no debemos cansarnos de hacer el bien;
porque si no nos desanimamos,
a su debido tiempo cosecharemos.

GÁLATAS 6:9, DHH

Padre, ¿entiendes la futilidad que sentimos al no ver el cumplimiento de la promesa que nos diste? Soy débil y necesito tu fortaleza. Dame una señal de que la carrera que estoy corriendo no es en vano. Lléname de valor para combatir el desánimo para que vea levantarse al Hijo. Renueva dentro de mí el gozo de tu salvación y haz que mis ojos se enfoquen en el día que la obtendré.

Tú has establecido un día en el que juzgarás los actos de todas las personas y les recompensarás conforme a sus obras. Entonces veré el fruto de mi labor y disfrutaré contigo de la hermosa producción de mi trabajo. Haz que mi voluntad sea como el hierro para perseguir ese día, sabiendo que las cosas que te veo hacer hoy son meramente señales de lo que será. Gracias por no dejarme caminar solo en esta fe. Tú caminas conmigo.

**¿Cuáles son algunas maneras en las que el cansancio se manifiesta en tu vida?**

# ILUSIÓN DE CONTROL

Así que humíllense delante de Dios. Resistan al diablo,
y él huirá de ustedes.

SANTIAGO 4:7, NTV

Gran Dios y Rey de los cielos y de la tierra, tú has establecido el camino correcto y has marcado tu buena senda. Solo tú tienes la soberanía para hacer realidad lo que deseas llevar a cabo. He sido engañado al creer que puedo alcanzar mi voluntad, e incluso cuando parece que he conseguido lo que deseo, cuando está fuera de tu justa voluntad, se desvanece y me deja lleno de insatisfacción.

Tú eres quien verdaderamente merece mi lealtad incluso por encima de mis propios deseos, esperanzas y sueños. Transforma estas cosas dentro de mí y que ponga mi esperanza en alcanzar tus deseos, esperanzas y sueños. Hazme impermeable a los ataques del enemigo. Me someto a tu voluntad y tu gobierno; las acusaciones del enemigo no me avergonzarán.

**¿Cuál es la meta de Dios para ti en esta vida?**

# AUMENTO DEL ENOJO

"Si se enojan, no pequen". No permitan que el enojo les dure hasta la puesta del sol.

EFESIOS 4:26, NVI

Padre, ayúdame a ser afectado rectamente cuando el pecado se infiltre en mi vida y en las vidas de aquellos con quienes me relaciono. Dame la fortaleza, por tu Espíritu Santo, para confrontar lugares en mi vida donde la injusticia se entromete, así como la humildad para responder con ternura a las represiones del Espíritu. Que mi vida esté continuamente apartada para ti, a fin de que seas glorificado en el día de tu venida. Que esté listo para gozarme en tu venida en lugar de tener miedo, como les sucederá a los que no se arrepienten.

Lléname de tu justa indignación que lleva al arrepentimiento pero sin condenar a otros. Ayúdame a eliminar la amargura de mi carácter y a reemplazarla por el dulce néctar de tu Espíritu. Gracias por llamarme al arrepentimiento y proveer un medio mediante el que poder ser salvo de tu ira venidera.

**¿Qué quieren decir las Escrituras con no pecar en tu enojo?**

# PASOS MEDIDOS

También pedimos que se fortalezcan con todo el glorioso poder
de Dios para que tengan toda la constancia
y la paciencia que necesitan.
COLOSENSES 1:11, NTV

Amado Señor, te pido que me fortalezcas en la gracia de
tu Espíritu con sabiduría, paciencia y entendimiento para
guiar mis pasos y fortalecer el camino que conduce al día
en el que he puesto toda mi esperanza. Ejerce tu poder, oh
Señor, de formas que me recuerden tu futura restauración,
poniendo señales ante mí que refresquen mi confianza en
tu salvación prometida.

Tú has establecido tu Espíritu como un consejero y maestro,
y has provisto poder para vencer muchos obstáculos en
el mundo a fin de que tu pueblo pueda verlos y se anime
a proseguir a través de la dificultad para heredar tus
promesas. Señor, continúa fortaleciéndome y obrando en
las vidas de otros creyentes a fin de que sean fortalecidos
para proseguir también. ¡Me encanta ver tu obra en el
mundo!

**¿De qué maneras el poder glorioso de Dios fortalece la
resistencia y la paciencia en tu vida?**

# PERSEGUIDO POR LA BONDAD

Tu bondad y tu amor me acompañan
a lo largo de mis días, y en tu casa,
oh Señor, por siempre viviré.

SALMOS 23:6, DHH

Padre amoroso, te doy gracias porque eres persistente en tu paciencia conmigo. No dejes que me debilite, sino dame fuerza para continuar por el camino de justicia que has establecido, y no temeré lo que me depare el futuro. Me gozaré en la restauración que has prometido porque me has sostenido con tu bondad y justo amor.

Dependo de ti, Padre mío, para que me mantengas a salvo y me guíes a tu presencia en la revelación de tu reino. Trátame como a un hijo amado, oh Señor, para que no me desvíe. Te glorifico por tus muchas misericordias y fiel amor, y en el día de tu aparición me gozaré con las naciones en la celebración de las bodas del Cordero.

**Quizá tengas miedo de muchas cosas, pero ¿qué te da miedo del futuro?**

# SEPARADO DE LA CULPA

Por lo tanto, ya que fuimos hechos justos a los ojos de Dios por medio de la fe, tenemos paz con Dios gracias a lo que Jesucristo nuestro Señor hizo por nosotros.

ROMANOS 5:1, NTV

Señor Dios, me conmueve y me abruma tu misericordia y la forma en que me has provisto para no ser hallado culpable de mis transgresiones contra tu gobierno. Gracias por enviar a Jesús a hacerse pecado por mí para que yo pudiera recibir la oportunidad de alejarme del pecado y ser liberado del castigo. Ahora veo que eres el Dios y Rey sobre toda la tierra y que, en primer lugar, te debo toda mi lealtad. Confío en ti y creo en tu futura restauración del orden legítimo de liderazgo en la tierra.

Gracias por hacer las paces conmigo incluso cuando tantas veces estuve en contra de tus mandatos. Tú has establecido un día en el que juzgarás la tierra, y declaro mi lealtad al Rey de reyes, gobernador de todas las naciones. Padre magnífico, oro para que tu nombre sea exaltado en toda la tierra ¡así como en el cielo!

**Jesús preguntó: "Cuando el Hijo del Hombre venga, ¿hallará fe en la tierra?". ¿Qué crees que quería decir?**

# LEJOS

Alabo a Dios por lo que ha prometido.
En Dios confío, ¿por qué habría de tener miedo?
¿Qué pueden hacerme unos simples mortales?
SALMOS 56:4, NTV

Exalto tu nombre, Señor mi Dios, porque eres maravilloso en todos tus caminos. Tú has creado un plan increíble para salvar al mundo y traer la restauración a la tierra. Tú has establecido a tu pueblo según tu buena voluntad, y llamas a todos los habitantes de todas las naciones a apartarse del mal para que también sean restaurados y renovados. Aun así, los dirigentes de las naciones se enojan contra ti y hacen guerra contra tu pueblo santo. Fortalece a tu pueblo, y fortaléceme a mí, contra la ira de los hombres.

Señor, tú conoces la ferocidad de la ira de los hombres por tu experiencia en el huerto de Getsemaní, y sin embargo lo soportaste por causa de la promesa de la resurrección. Lléname de valor para resistir los ataques de tus enemigos. Ayúdame a vencer el temor porque conozco la verdad de tu fidelidad para cumplir tus promesas. A su tiempo, sé que reinarás en justicia sobre toda la tierra, y la paz fluirá en tu santo monte.

**¿Cómo acalla tus temores el hecho de confiar en Dios?**

# CONTROL

"Guarda tu espada —le dijo Jesús—, porque los que a hierro matan,
a hierro mueren. ¿Crees que no puedo acudir a mi Padre,
y al instante pondría a mi disposición más
de doce batallones de ángeles?".

MATEO 26:52-53, NVI

Dios Todopoderoso, gobernador y sustentador de toda la tierra, estoy anonadado por el control que tú muestras. El amo de toda la creación mira y ve una maldad indescriptible en toda la tierra, personas actuando con un desafío directo hacia ti y lo que sabes que es bueno para el mundo, y sin embargo, tú retienes tu juicio. Has dicho que no te deleitas en la destrucción del malvado, sino en verlo alejarse del mal y encontrar salvación en ti.

Desarrolla este mismo corazón de control y misericordia dentro de mí para que pueda imitar tu compasión por otros. Ayúdame a testificar a los malvados de la tierra de la bondad de tu paciencia que da tiempo extra para que las personas se vuelvan a ti y te den su lealtad. Que me pueda controlar en mi ira sabiendo que tú te controlas en la tuya y que tú has fijado un día para el juicio. Gracias por tu gran sabiduría.

**¿Cómo afecta a tu caminar en fe diario el que Dios se controle para no atacar a los que le aborrecen?**

# CONMUÉVEME

Cuando vio a las multitudes, les tuvo compasión,
porque estaban confundidas y desamparadas,
como ovejas sin pastor.
MATEO 9:36, NTV

Lléname con tu corazón de compasión y misericordia,
Padre, y ayúdame a interesarme por los demás tan
intensamente como tú lo haces. Ayúdame a no abrumarme
por las necesidades que veo, porque sé que yo no soy el
salvador del mundo, sino dame ojos para ver lo que está
bajo mi control y ser lo suficientemente proactivo como
para tratarlo. Además, ayúdame a ver las necesidades más
profundas de las personas: de salvación, de buenas nuevas
eternas, de verdadera justicia y misericordia.

Dame conocimiento y sabiduría para saber cómo hablar al
corazón de las personas y ministrar un verdadero consuelo
basado en la promesa de tu reino. Quiero verte magnificado
ahora ante ojos de la gente para que se puedan regocijar
en el día de tu venida en lugar de estar llenos de ansiedad.
Conmuéveme con tu Espíritu Santo así como tú también te
conmoviste.

**¿De qué forma las personas que Jesús veía eran como
ovejas desamparadas? ¿Qué dirección pensaba Él que
necesitaban?**

# AFINADO

Quiero que entiendan lo que realmente importa, a fin de que lleven una vida pura e intachable hasta el día que Cristo vuelva.
FILIPENSES 1:10, NTV

Oro para que me enseñes, Padre, lo que realmente te importa en esta vida mientras espero con anhelo el regreso de mi gran Rey. Tú deseas pureza; muéstrame el camino. Tú deseas inocencia; enséñame sabiduría. Ayúdame a vivir según tus preceptos y a tomarme en serio las cosas que tú valoras de verdad. Este mundo tiene mucho que ofrecer para llevarme a mi propia comodidad y gozo, pero no según el gozo que tú tienes preparado para mí.

Transforma mi mente para que sea conformada a tu voluntad a fin de que desee las cosas que tú deseas, que también son las cosas que serán las más reconfortantes para mi alma. Te pido tu Espíritu Santo; que Él comparta conmigo tu sabiduría y me enseñe los caminos que verdaderamente importan.

**¿Cuál es la diferencia entre un placer piadoso en esta vida y uno que conduce a la destrucción?**

# SIÉNTATE Y ESPERA

Espera con paciencia al SEÑOR;
sé valiente y esforzado;
sí, espera al SEÑOR con paciencia.
SALMOS 27:14, NTV

Oh Señor, anhelo tu reino. ¿Cuánto más debo esperar a que cumplas tus promesas y me restaures? ¿Cuánto más tengo que estar sin mis seres queridos? ¿Cuándo me redimirás y levantarás de la tumba? Necesito tu paz y tu gozo, ¡oh Señor! Ven y renueva tu creación, establece justicia, gobierna en justicia. Padre, espero en ti. Renueva mi paciencia y perseverancia. Aunque para ti cien años son como un momento que pasa, para mí es muy largo. Renueva mi fortaleza y dame valor para enfrentar las dificultades de la vida con confianza en tu fidelidad.

Recuérdame diariamente que puedo confiar en que tú harás lo que has dicho que harías. Aunque me parece que eres lento en cumplir tu compromiso de renovar el mundo, tú no eres lento sino que atraes a muchos otros pacientemente a ti. Señor, confío en ti. Resistiré contigo, ¡y te esperaré!

**¿Cómo esperas al Señor?**

# LIBERAR BONDAD

¡Amen a sus enemigos! Háganles bien. Presten sin esperar nada a cambio. Entonces su recompensa del cielo será grande, y se estarán comportando verdaderamente como hijos del Altísimo, pues él es bondadoso con los que son desagradecidos y perversos".

Lucas 6:35, NTV

Padre, ayúdame a tener el mismo corazón que tú tienes hacia otras personas, a dar sin que me tengan que devolver nada por ello. Tú das cosas buenas a todas las personas. Tú provees comida, tú provees climas en los que se puede vivir, tú provees muchas cosas que necesitamos incluso a los que te odian y actúan malvadamente contra ti. Tú has establecido un día para ejecutar justicia a los malvados de la tierra, pero tu corazón quiere ver vivir a las personas.

Ayúdame a refrenarme cuando trate con personas que abusan de mí. Dame tu cuidado y compasión para todas las personas a fin de que reaccione bien en lugar de actuar mal con otros. Aumenta mi fe para que confíe plenamente en tu promesa de vengar las ofensas que me han hecho, y fortaléceme para que perdone a otros como sé que yo soy perdonado en el nombre de Jesús. Oro que venga tu gloria a la tierra, oh Señor, en esta era y en el mundo venidero.

**¿Ves la bondad de Dios hacia sus enemigos como algo que tiene un propósito?**

# ASOMBRO INSPIRADO

De generación en generación
se extiende su misericordia a los que le temen.
LUCAS 1:50, NVI

Padre, estoy asombrado de ti y de tu grandes obras. Mira tu creación: las luces en el cielo, los paisajes que has construido, el arte que has pintado momento a momento con tu gran palabra creativa. ¡Magnifico tu nombre por lo que has hecho! Pero tú has hecho aún más. Has establecido a tu pueblo en la tierra, has enviado la esperanza de tu restauración, y has hecho saber a todas las demás personas que llega tu tiempo de establecer todas las cosas buenas y de derribar la maldad. Me deleito en esta bondad y la espero con humilde anticipación.

Ten misericordia de mí en este día, porque tú sabes de dónde vengo y las cosas que he perseguido, y sin embargo me he vuelto a ti y he puesto mi confianza en tu gran obra. ¡Que las generaciones y las personas de toda la tierra den honor a tu nombre por tu grandeza!

**¿Cómo conduce a la misericordia el temor de Dios?**

# MARZO

Y estamos seguros de
que él nos oye
cada vez que le pedimos
algo que le agrada.

1 Juan 5:15, ntv

# EL CAMBIO ES BUENO

Todo el que pertenece a Cristo se ha convertido
en una persona nueva. La vida antigua ha pasado;
¡una nueva vida ha comenzado!
2 CORINTIOS 5:17, NTV

Señor mi Dios, hemos esperado miles de años para ver cumplida tu restauración. Muchas personas dudan de la verdad de tus buenas noticias debido al tiempo que ha tomado que se cumplan; sin embargo, cuando veo la obra de tu Espíritu en mi propia vida, sé que sigues siendo fiel a tus promesas y que me estás guiando hacia el día de tu glorificación prometida.

Te doy las gracias porque tus buenas noticias han llegado a todas las naciones para llamarnos a prepararnos para tu venida, y estoy agradecido por tu obra en ayudarme a prepararme a mí mismo mediante tu Espíritu y las circunstancias de la vida que me moldean conforme al carácter y la imagen de tu Hijo. Sé glorificado, Señor, y que la justicia y la rectitud prevalezcan pronto sobre la tierra.

**¿Cuál crees que es el motivo de Pablo para alentarnos diciendo que la vida antigua ha pasado cuando las circunstancias declaran a menudo que no es así?**

# RODILLAS DOBLADAS

*No tengas miedo, porque yo estoy contigo;*
*no te desalientes, porque yo soy tu Dios.*
*Te daré fuerzas y te ayudaré;*
*te sostendré con mi mano derecha victoriosa.*
ISAÍAS 41:10, NTV

Oh Señor, siento el peso del mundo sobre mis hombros; no puedo soportar bajo la presión. Ayúdame a soportar la carga. Fortaléceme mediante tu Espíritu Santo para soportar las responsabilidades que tú has puesto sobre mí. Dame la perspectiva para ver la meta de este trabajo y dame el aliento que necesito para perseverar. Tú no me has dado más de lo que puedo soportar con tu ayuda.

Confío en ti. Tú eres un Rey bueno y provees los recursos que necesito para cumplir con tu tarea; solo te pido que no te olvides de mí. Dame lo que necesito para que tú puedas ser glorificado en el cumplimiento de tus planes ya establecidos. Soy de ti, para que me dirijas como tú quieras, pero te pido que no dejes que mi pie tropiece o mi alma desfallezca. ¡Gracias por tu paciencia conmigo, Dios poderoso!

**¿Qué te ha pedido Dios que hagas que te provoca temor?**

# FE REBOSANTE

Y todo lo que ustedes, al orar, pidan con fe, lo recibirán.
MATEO 21:22, DHH

Señor, aumenta mi fe y lléname de confianza en que tus promesas de establecer justicia y restaurar la bondad en la tierra son seguras. Inclina mi corazón a estas cosas y a poner mi esperanza plenamente en el tiempo venidero, donde tú darás la recompensa a los justos que perseveren en vivir conforme a su confianza en tus buenas promesas. Entonces, me agradará pedirte cualquier cosa que te dé gloria a ti y vea tu nombre exaltado ante los ojos de las naciones, y tú te alegrarás en cumplir mis peticiones.

Es mi esperanza que las naciones se vuelvan a ti antes del día grande y terrible de tu regreso, para que puedan gozarse en el bien que traerás contigo. Dame entendimiento sabio de las maneras en que puedo ayudar a las personas a reconocer estas verdades, y concédeme mis peticiones que surgen de ese entendimiento. Me encanta ver tu nombre alabado en justicia y en verdad. Sé glorificado en toda la tierra, Dios mío.

**¿Cuál es la meta de Dios al darte lo que pides con fe?**

# UN LUGAR PARA MÍ

En el hogar de mi Padre hay muchas viviendas; si no fuera así, ya se lo habría dicho a ustedes. Voy a prepararles un lugar.
JUAN 14:2, NVI

Gran Dios y Padre, cuán magnifico es que me hayas ofrecido un lugar en tu congregación de los justos, que hayas deseado que resida contigo en la creación restaurada y glorificada que vas a traer a la tierra. Me humilla que tú me veas a mí, un hombre modesto, y me otorgues el derecho a ser llamado por tu nombre. Me honra tu regalo, y me emociona ver la maravilla de tus promesas cumplidas.

Regresa pronto y restaura tu creación, para que limpies la corrupción que la ha manchado por tanto tiempo. Tú has sido misericordioso al retener tu ira y tu juicio. Atrae a muchas personas a tu trono por tu misericordia, oh Dios. Anhelo encontrar mi lugar en tu casa cuando la hayas establecido en la tierra. Gracias por todos tus dones.

**¿Cuánto tiempo ha deseado Dios darte un lugar en su presencia?**

# MIS ERRORES

Aunque tropiecen, nunca caerán,
porque el SEÑOR los sostiene de la mano.
SALMOS 37:24, NTV

Padre, sostenme mediante la obra de tu Espíritu Santo.
Este caminar de fe es largo y complicado, lleno de muchos
lugares difíciles y piedras de tropiezo. Dame fortaleza
para soportar los obstáculos y continuar mi caminar al otro
lado. Perdona mis tropiezos y no los traigas contra mí, sino
restáurame y levántame.

Que mi corazón siempre te busque a ti y tu glorificación en
toda la tierra. Aunque a veces desmaye, me alegra la idea
de que seas exaltado entre las naciones. Levanta mi cabeza
y fortaléceme para seguir caminando. Oh Dios y Rey, sé
exaltado y alabado, porque tú y solamente tú mereces la
adoración del mundo.

**¿Qué significa para ti esta promesa de Dios, y cómo
afecta tu caminar?**

# UN MAYOR SIGNIFICADO

*Si un hombre tiene cien ovejas y una de ellas se extravía,
¿qué hará? ¿No dejará las otras noventa y nueve en las colinas
y saldrá a buscar la perdida?*

MATEO 18:12, NTV

Te doy las gracias, Padre, porque tienes compasión de las personas que has creado, y has puesto en movimiento tus planes para atraer a las personas de regreso a ti. Tu paciencia para buscar y demostrar el carácter de personas de todas las naciones para incluirlas en tu reino acentúa la maravilla de tu diligencia para establecer tu reino de justicia. Aunque toda la humanidad se ha situado contra ti y contra tus planes maravillosos, tú has adoptado grandes medidas para llamar a personas de todas las naciones a volverse a ti, a darte su lealtad, y a tener la oportunidad de ser llamados conforme a tu nombre.

Muy parecido a lo que hiciste con Jesús el Mesías, has estado dispuesto a hacer que tu pueblo especial atraviese dificultades y pruebas para que tus buenas noticias llegaran a los rincones más lejanos del mundo. Me conmueve el modo en que me has extendido tu mano de amistad. Que yo pueda ser una bendición para ti a cambio.

**¿Cómo has sido afectado por la tendencia de Dios a hacer lo que describen los versículos de arriba?**

# FORTALEZA

Todo lo puedo en Cristo que me fortalece.
FILIPENSES 4:13, NVI

Señor, tú eres la fuente de mi fortaleza. Pongo mi confianza en ti para que suplas todas mis necesidades. Tú no me dejarás ser avergonzado, e incluso cuando mis enemigos crean que me han derribado, sé que tú vindicarás tu nombre cuando me restaures en el día de gloria. Tú me das la paz y el aliento que necesito para soportar las circunstancias de la vida que intentan guerrear contra mi esperanza. Tú refuerzas la verdad de tu fidelidad y me recuerdas cuán buenas son tus promesas. Debido a eso, puedo soportar todo tipo de dificultades.

Permanece conmigo, oh Señor, y lléname con tu Espíritu Santo para que pueda ser lleno de la fortaleza que necesito para completar las tareas que tú has puesto delante de mí. Quiero ser recibido con alegría en tu maravilloso reino.

**¿Qué te permite hacer la fortaleza de Dios en tu vida?**

# EL DESEO MÁS PROFUNDO

Me buscarán y me encontrarán cuando me busquen
de todo corazón.
JEREMÍAS 29:13, NVI

Señor, cuántas veces te he buscado en busca de mis propios deseos y placeres en esta vida y, sin embargo, no te he encontrado. Tú me has eludido en los días en que quería que me concedieras mis deseos como si fueras un genio en una botella. En cambio, cuando me encontré al extremo de mi cuerda y te necesitaba, tú estuviste ahí. Me enseñaste tu camino y tu paciencia en anticipación del día que tú has establecido mediante decreto santo.

Mi corazón está fijo en tus promesas y en la restauración que tú has declarado, y busco tu gloria y que seas vindicado ante los ojos de las naciones tal como tú consideres. Ya no espero en ti por lo que puedes darme ahora, sino por lo que harás en el día de tu gloria. Sé magnificado en la tierra, oh Señor, por causa de las almas que tú deseas salvar.

**¿Recuerdas ocasiones en que buscaste a Dios pero no con todas tus fuerzas? ¿Cómo te afectó eso?**

# HIJO DEL REY

Tu esposa será como una vid fructífera,
florenciente en el hogar.
Tus hijos serán como vigorosos retoños de olivo
alrededor de tu mesa.

SALMOS 128:3, NTV

Exalto tu nombre magnífico, oh Señor mi Dios. Que surja adoración de todas las regiones de la tierra hacia tu trono. Cuán glorioso será el día cuando las aguas fluyan en abundancia en lugares desiertos y los árboles produzcan fruto maduro para que todos puedan comer. En ese día, tú llamarás a todas las naciones delante de ti para celebrar, y se reunirán para gozarse en el exquisito banquete que habrás preparado.

Tú serás glorificado ante los ojos de las naciones, y tu pueblo será aprobado en la asamblea. Anhelo el día en que la abundancia de los productos de tu reino alimente al mundo y a todo aquel que resida en la bendición de tu buena voluntad.

**Cuando miras las circunstancias de los creyentes en muchas partes del mundo, ¿por qué no ves cumplidas estas promesas?**

# MI AYUDA

Miro a lo alto de las montañas en busca de ayuda,
¿de dónde vendrá mi ayuda?
Mi ayuda vendrá del SEÑOR,
el creador del cielo y de la tierra.
SALMOS 121:1-2, PDT

Padre, en este mundo tendremos aflicción. Aun así, sabemos que tú regresarás otra vez para librar al mundo de la maldad y establecer bendición y justicia en todas las naciones, entre todos los pueblos. Fortaléceme con ese conocimiento, y que me impulse por la senda de la fe que edifica carácter en mi interior como preparación para el día en el que recibiré liberación de los problemas.

Tú has creado todas las cosas y gobiernas sobre todo, y con restricción paciente demoras la justicia por causa de los malos, para que puedan encontrar liberación en lugar de destrucción. A su debido tiempo derramarás tu ira sobre la tierra y borrarás la injusticia y la maldad en un momento. Solamente tu pueblo, quienes son llamados por tu nombre, permanecerá en ese día, y nos regocijaremos en la liberación que tus obras y tu sabiduría han realizado. Espero en ti, y a ti doy toda mi lealtad.

**¿Qué puedes aprender sobre cómo actuar mientras esperas en Dios para ejecutar justicia?**

# EL SEÑOR DE PAZ

Que el Señor de paz les conceda su paz siempre
y en todas las circunstancias.
El Señor sea con todos ustedes.
2 TESALONICENSES 3:16, NVI

Padre, lléname de la paz que viene de la certeza de tu
fidelidad y de estar seguro de la bondad de tus promesas.
Tú te has mostrado fiel en sus tratos con la humanidad, y
has permanecido fiel a tus promesas. Sé que restaurarás
todas las cosas mediante tu gran poder y sabiduría, y
establecerás rectitud y justicia en toda la tierra.

Ya no tendremos que estar ansiosos por los gobernadores
malvados y las personas corruptas que buscan robar y
abusar de otros. Ya no tendremos que preocuparnos por
dónde encontrar alimento o refugio. Ya no tendremos que
preocuparnos por la hipocresía y la traición en nuestras
relaciones, porque tú obras todas las cosas para el bien
de aquellos que son llamados según tu propósito, y nos
resucitarás en el día de la gloria. Puedo descansar seguro
en el conocimiento de tu voluntad.

**¿Cuál es la fuente de la paz de Dios y de tu gozo?**

# AUNQUE DESFALLEZCA

Podrán desfallecer mi cuerpo y mi espíritu,
pero Dios fortalece mi corazón;
él es mi herencia eterna.

SALMOS 73:26, NVI

Dios, cuando considero la gloria de tus promesas y pienso en el resultado que espera a quienes menosprecian tu enseñanza, renuevo mi dedicación a tu reino y persisto en cultivar un espíritu recto dentro de mí. Acudo a ti para fortalecerme con tu Espíritu y para que me lleves por la senda de justicia. Lléname del deseo de terminar fuerte y no distraerme con el éxito que otros parecen tener en sus vidas.

Estaré satisfecho con tu recompensa, Señor, y te glorifico. Eres supremamente consciente de la actividad de las personas en la tierra, y de las maneras en que buscan arrogantemente prosperidad desafiando tu llamado a la humildad. Fortalece mis deseos y afirma mi resolución de poner mi esperanza plenamente en tu reino venidero.

**¿Qué es lo que causa que tus pies tropiecen o que tu corazón flaquee?**

# DEMASIADO

Den a otros, y Dios les dará a ustedes. Les dará
en su bolsa una medida buena, apretada, sacudida y repleta.
Con la misma medida con que ustedes den a otros,
Dios les devolverá a ustedes.
LUCAS 6:38, DHH

Padre, cada día necesito un recordatorio de tus grandes promesas, de que tu provisión sobrepasará mi imaginación. Recuérdame tu deseo de recompensar a tu pueblo y verlo prosperar abundantemente, y que tú bendecirás a todas las naciones mediante la restauración de la tierra y al revertir la maldición sobre la creación.

¿Qué motivos tengo para aferrarme a mis posesiones? Tú eres generoso en tu modo de tratarme y, por lo tanto, daré libremente de mis propios recursos, recursos que tú has provisto. Tú me has dado para que pueda compartir. Dame la sabiduría y la compasión para hacerlo con facilidad y generosidad. Confío en ti, Dios. Debido a la seguridad de la esperanza que tú garantizas, compartiré tus bendiciones con mi prójimo.

**¿Por qué crees que Dios valora a quien es dador?**

# DEPONER ARMAS

El Señor mismo peleará por ustedes. Solo quédense tranquilos.
ÉXODO 14:14, NTV

Confío en tu justicia y tu fidelidad, Dios, y pongo mi esperanza en tus promesas. Tú has establecido a tu pueblo y lo protegerás mediante tu poder soberano. No tengo ningún motivo para buscar mi propia protección porque tú cubres mis espaldas. Sé que, a pesar de lo que pueda sucederme, tu mano tratará con mis enemigos, y seré reivindicado delante de ellos.

¿Qué tengo que temer de cualquiera que busca destruirme? Tu liberación está cercana, y tú levantarás a tu pueblo recto. En cambio, buscaré el bien para mis enemigos, para que puedan aprender tus caminos y volverse de su animosidad hacia ti, de modo que puedan ser salvos en el día de tu visitación. Gracias, Señor, por darme la seguridad de tu bondad. Sé glorificado en la congregación de los justos.

**¿Por qué crees que es importante para los creyentes ser cuidadosos acerca de cómo se protegen a sí mismos?**

# EL FRUTO MÁS DULCE

El fruto del Espíritu es amor, alegría, paz, paciencia,
amabilidad, bondad, fidelidad, humildad y dominio propio.
No hay ley que condene estas cosas.
GÁLATAS 5:22-23, NVI

Dios mío, tú has dado generosamente de tu Espíritu a la
humanidad; que pueda beber yo profundamente del fruto
que el Espíritu produce. El fruto del Espíritu es tu carácter,
y te revelas a mí en estas cosas. Que mi propio carácter
refleje la justicia de tus caminos; deseo alumbrar al mundo
con tu bondad. Lléname hasta rebosar de la esperanza de
tu salvación, y cultiva en mi interior las cualidades de la
justicia mediante cada circunstancia que enfrente.

Confío en ti, Señor, para que me des las cosas que necesito
y que te agradarán. Tú creaste al hombre a tu imagen en
el principio, y después lo llenaste con tu Espíritu; te pido
que lo hagas otra vez. Moldéame a la imagen de Jesús.
A medida que refleje su carácter, recompénsame con el
mismo regalo que le diste a Él: vida eterna.

**¿Por qué crees que estas cosas se llaman el fruto del
Espíritu? ¿Qué representan?**

# QUEBRANTA MI CORAZÓN

Estaba asombrado al ver que nadie intervenía
para ayudar a los oprimidos. Así que se interpuso
él mismo para salvarlos con su brazo fuerte,
sostenido por su propia justicia.
ISAÍAS 59:16, NTV

Padre, me entristece el destino de la humanidad. ¿Por cuánto tiempo debemos estar sujetos a la opresión de gente mala? ¿Cuándo nos rescatarás conforme a tu justicia y tu amor? ¿Por cuánto tiempo debemos ver a personas morir de hambre por políticas de gobernantes malvados, o ver a personas siendo explotadas por los actos malvados de quienes las utilizan? Oh, gran Dios y Rey, dirige tu mirada a quienes claman por tu justicia. ¡Ten misericordia de mí!

Padre, perdona mis pecados y no permitas que sea desviado por la maldad de mi propio corazón. Dame la fortaleza para permanecer firme en rectitud delante de ti y no caer en la maldad debido a las acciones de otras personas. Haz que vuelvan de sus malos caminos considerando tu juicio venidero, y no permitas que sufra por demasiado tiempo. Ayúdame a declarar paz y consuelo a todos los que sufren a manos de los malvados, y líbrame de esta angustia.

**¿Qué crees que eres llamado a hacer para ayudar a los oprimidos?**

# TUS MOTIVOS

¿Qué busco con esto: ganarme la aprobación humana o la de Dios? ¿Piensan que procuro agradar a los demás? Si yo buscara agradar a otros, no sería siervo de Cristo.

GÁLATAS 1:19, NVI

Lléname con tu Santo Espíritu, Dios, de modo que sea movido según los deseos de tu voluntad. Muéstrame el camino a la vida eterna y haz que mis pasos sigan tu senda. Dame un enfoque singular en la bondad de tu restauración prometida, de modo que no vaya ni a la derecha ni a la izquierda debido a las distracciones de la vida o al intentar satisfacer las premisas del modo en que piensan los seres humanos.

No deseo ser apartado por buscar la aprobación de otras personas por aquello que no conducirá a la justicia en tu reino. Transforma mis deseos y haz que las motivaciones de mi vida estén dirigidas hacia ti. Que mi camino sea claro delante de ti y que te sirva con todo lo que soy.

**¿Qué crees que es incorrecto en intentar agradar a los hombres?**

# VIVE CON PROPÓSITO

El SEÑOR ha hecho todo para sus propios propósitos,
incluso al perverso para el día de la calamidad.
PROVERBIOS 16:4, NTV

Oh, gran Dios y Rey de toda la creación: tú has establecido tu creación en bondad y justicia. Todo tiene su lugar, y no pusiste nada en su lugar sin un propósito. Tú eres un Padre bueno que provee para sus hijos, y lo has hecho de la manera más milagrosa. Te glorifico por tus grandes obras de antaño, y te magnifico y te alabo por tus obras venideras de restauración.

Tu creación funcionará como tú has decretado y diseñado, a pesar de los intentos de tus enemigos por corromperla. Te pido la sabiduría de tu Santo Espíritu para vivir conforme a tus propósitos en esta vida en anticipación de la restauración. Ayúdame a practicar ahora lo que tú has propuesto para entonces, de modo que, en aquel día, esté bien preparado.

**¿Qué propósitos tiene Dios para ti como un portador de la imagen de Jesús? ¿Cómo puedes cumplir mejor ese propósito hoy?**

# ANTES DE HABLAR

El que tiene cuidado de lo que dice,
nunca se mete en aprietos.
PROVERBIOS 21:23, DHH

Lléname con tu Santo Espíritu, Señor, para empoderarme con sabiduría de modo que considere mis palabras con atención, que tenga humildad para formularlas bien, y dominio propio para evitar hablar apresuradamente. Que mis palabras puedan ser un bálsamo para otros y que no sean de tropiezo. Que pueda ser un alentador. Guárdame de causar problemas extra para mí mismo con las palabras que digo, y que mis palabras reflejen las tuyas. Cuida de mí para mantenerme firme, y que el único problema que enfrente sea por causa de tu nombre.

Estoy dispuesto a enfrentar problemas y dificultad por tu causa, Dios, y sin embargo, necesito tu provisión para enfrentarlos bien. Que tus deseos y pasiones resplandezcan por medio de mí, y que las palabras de mi boca hablen desde la fuente de ese Espíritu. Ten misericordia de mí, Padre, y concédeme mis peticiones. Guárdame en tu regazo hasta el día que regreses.

**¿Te promete Dios que evitarás problema si sigues sus caminos?**

# DE ACUERDO CON LA VERDAD

No hay para mí mayor alegría que saber que mis hijos
viven de acuerdo con la verdad.

3 JUAN 1:4, DHH

Establéceme en la verdad de tu Palabra, Señor, y llévame
hasta la esperanza plena de tus buenas nuevas. Restaura
en mí un entendimiento de cuán temporales son las cosas
en esta vida, y reenfoca mi atención en la permanencia de
las promesas que tú has establecido para la vida venidera.

Si no fuera por la gracia de tu Espíritu, correría tras los
gozos temporales de esta vida. Tú me sostienes por
tu Espíritu y por tu Palabra. Dame amigos que también
busquen tus promesas venideras, y que ese compañerismo
alimente mi corazón hasta que regreses. ¡Cuán bueno y
agradable es vivir juntos en la comunión de las buenas
noticias de Jesús!

**¿Cuáles son algunas cosas en tu vida que puede que
te estén desviando de vivir consistentemente para la
esperanza de la vida venidera?**

# LUZ DE APROBACIÓN

Dios aprobó a los que vivieron en tiempos pasados por la fe que tenían.

HEBREOS 11:2, PDT

Señor, tú amas al hombre que confía en ti para cumplir tus promesas y que espera en el establecimiento de tu justicia en la tierra. Tú lo establecerás y lo situarás en un lugar donde nunca más será sacudido por el mundo. Tú te deleitas en hacer bien al hombre que se deleita en tu enseñanza, y cuya voluntad lo dirige hacia el día de tu exaltación. A él le darás grandes riquezas y exaltarás su posición por encima de los arrogantes de la tierra. Escucho el testimonio del justo que clama incluso desde la tumba por el cumplimiento de tu gran reino y la restauración de esta creación que ha sido maldita.

Te pido que establezca a Jesús, tu Rey justo, en el trono que le has prometido. Tú le mostraste tu aprobación cuando lo resucitaste de la crucifixión, y lo has puesto a tu diestra hasta el día en que establezcas su trono en la tierra. Que ese día sea pronto, Señor, y reivindica tu nombre en toda la tierra.

**¿Qué crees que hicieron los ancestros que produjo aprobación?**

# CONTENTAMIENTO

No digo esto porque esté necesitado, pues he aprendido a estar
satisfecho en cualquier situación en que me encuentre.
FILIPENSES 4:11, NVI

Señor, te pido la enseñanza de tu Espíritu para que pueda
conocer la sabiduría del contentamiento. Que esté inmerso
plenamente en el plan que has establecido para la salvación
del mundo, y que pueda aceptar cualquier circunstancia
que experimente. Mientras más aprendo de tus maravillosas
promesas, de tus planes hermosos, más soy fortalecido
para resistir incluso en los tiempos más difíciles con el
conocimiento de cuál es el final de esta senda.

Mi corazón se llena de gozo al pensar en la bondad de tu
reino y en la justicia de tu gobernanza sobre la creación. Tú
eres un Rey digno y un Padre misericordioso, que da cosas
buenas a tu pueblo. Soy bendecido al considerar que tú me
has invitado a acompañarte en tu restauración de la tierra.
¿Cómo podrían abatirme las circunstancias de esta vida?

**¿Qué te causa contentamiento en la vida?**

# NO HAY NECESIDAD DE TEMER

Oré al SEÑOR, y él me respondió;
me libró de todos mis temores.
SALMOS 34:4, NTV

Deme la fortaleza para enfrentar la vida con plena confianza, Señor, porque tú me salvarás de todo daño. Aunque quizá temo los ataques del enemigo, tú me restaurarás. ¿Qué tengo que temer del hambre, la enfermedad o los problemas? Confío en ti, Señor; no permitas que sea avergonzado delante de tus enemigos. Restáurame y provee para mí conforme a tu bondad y por causa de tu nombre.

Padre, hágase tu voluntad en la tierra, y que tu justicia ponga fin a la maldad que abusa del mundo y de su gente. Que el arrogante sea humillado, para que tu misericordia lo lleve a apartarse de sus caminos. Señor, defiéndeme en mis tiempos de problemas, y libérame.

**¿En qué ocasión intervino Dios para ayudarte en una circunstancia que temías?**

# TU VOLUNTAD

Venga tu reino,
hágase tu voluntad
en la tierra como en el cielo.
MATEO 6:10, NVI

Oh Señor, quisiera que regreses pronto. Anhelo tu venida, y deseo desesperadamente tu gracia y paz venideras. Elimina la maldición que soporta la tierra por tu palabra, y llena la tierra de justicia. Exalta tu nombre ante los ojos de las naciones que por tanto tiempo te han ignorado o han estado contra ti.

Los reyes de la tierra se postrarán delante de ti y se someterán a tu voluntad, y fluirán paz y gozo desde tu trono. Las potestades y principados que han intentado derrocar tu voluntad y ascender a tu trono serán juzgados, y su falsa enseñanza no será nada en el día de tu victoria y restauración. Padre, no te demores, sino regresa pronto para cumplir tus grandes y extraordinarias promesas hechas a tu pueblo.

**Cuando consideras el Padrenuestro, ¿qué imágenes vienen a tu mente con respecto al cumplimiento de esta petición?**

# NO ESTOY INDEFENSO

Los justos claman, y el SEÑOR los oye;
los libra de todas sus angustias.
SALMOS 34:17, NVI

Padre, en este mundo tendremos aflicción, pero tú has provisto un medio de escapar finalmente a esa aflicción. Tu liberación ha sido asegurada al ver la resurrección de Jesús. Tú ciertamente me librarás de las dificultades y las angustias de esta vida. Consuélame mientras tanto con este conocimiento. Clamo a ti pidiendo ayuda y, si es tu voluntad, concédeme la liberación incluso ahora. Sin embargo, no se haga mi voluntad sino la tuya.

Tu restauración pondrá fin a toda necesidad, y tú nos librarás. Tu provisión en ese día será majestuosa, y está por encima de mi capacidad actual para comprenderla. Confío en que me ayudarás y no me dejarás que enfrente yo solo las pruebas que lleguen. Dame tu ayuda, Dios mío, porque tú eres mi ayuda continua en los tiempos de angustia.

**¿Cómo reconciliarías la aparente contradicción entre la afirmación: "En este mundo tendrán aflicción", y la frase de aliento: "Alégrense, pues yo he vencido al mundo"?**

# CON ALEGRÍA

Alégrense siempre en el Señor. Repito: ¡Alégrense!
FILIPENSES 4:4, DHH

Dios todopoderoso, ¡eres maravilloso en todos tus caminos! Cómo puedo mirar la magnificencia de la creación que has puesto delante de nosotros, las estrellas del cielo, las aguas llenas de vida, los hermosos paisajes y los atardeceres gloriosos, y no ser lleno de alegría ante lo extraordinario de tus obras.

Es asombroso pensar que tal poder e imaginación están obrando en mi interior para moldearme y enseñarme a ser un hombre digno de tus buenas dádivas. Ver cómo tú has orquestado la historia para llevar al mundo hasta el punto de la decisión y reivindicar tu obra, reivindicar a tu pueblo, y renovar la majestad de la tierra que has sacrificado por mí es mucho más que asombroso. Me sorprende la grandeza de tus caminos, Señor, y me encanta pensar en la maravilla de quién eres tú.

**¿Cómo describirías las cosas por las que Dios quiere que disfrutemos de Él?**

# MENTE ENTREGADA

El que se deja controlar por su mentalidad humana tendrá muerte,
pero el que deja que el Espíritu controle su mente
tendrá vida y paz.

ROMANOS 8:6, PDT

Dios, fija mis ojos firmemente en el cumplimiento de tu restauración prometida y la venida de tu reino. Ayúdame a evitar distraerme con las cosas que satisfacen mis propios deseos. En cambio, transforma mi mente para que busque los deseos que tú has establecido, que cuide de otros, que atraiga a personas a alejarse de la maldad, aliente a los débiles y espere con paciencia el día de tu regreso.

Tú me has dado un curso de acción a seguir mientras te espero, de modo que fortaléceme para realizar las tareas que tengo a la mano y ser fiel a tu voluntad soberana. Quiero servir en lugar de exaltarme a mí mismo. Dame la sabiduría para vivir rectamente delante de ti, y para permanecer fuerte contra la tentación de desafiarte con los caminos de este mundo.

**¿Qué crees que causa que las cosas que Dios ha creado para nuestro bien se conviertan en cosas de la carne?**

# EL ARREPENTIMIENTO IMPORTA

Arrepiéntanse de sus pecados y vuelvan a Dios,
porque el reino del cielo está cerca.
MATEO 3:2, NTV

Señor, te pido que renueves diariamente la lealtad que te brindo a ti y a tu trono soberano. Guárdame de regresar a las tentaciones mundanas que me enredan tan fácilmente y apartan mi enfoque de la esperanza de la restauración venidera. Envuelve mis propios deseos con el conocimiento creciente de tus buenas promesas, pues tú las cumplirás a su debido tiempo.

Magnifica tu reino ante mis ojos para que pueda verlo con más claridad en esta época de oscuridad y distracción. Gracias, mi Rey, por tu compasión y misericordia para llegar hasta mí y ofrecer perdón por mi rebelión contra ti. Ayúdame a recordar cada día el favor que me has mostrado.

**En su núcleo, ¿qué es el arrepentimiento?**

# TENTADO

Cuando sean tentados, acuérdense de no decir:
«Dios me está tentando».
Dios nunca es tentado a hacer el mal
y jamás tienta a nadie.
SANTIAGO 1:13, NTV

Guarda mi corazón, oh Señor, por el poder de tu Espíritu Santo. Dame la fortaleza para derribar las ansias en mi corazón por satisfacer mis deseos de no enfrentar la dificultad. Ayúdame a aceptar continuamente tu llamado a dejar a un lado la búsqueda de la satisfacción en esta vida a cambio de la recompensa mucho mayor que tú cumplirás en tu reino venidero. Líbrame de los ataques del enemigo que intenta erosionar mi fe en tus buenas promesas y desviar mi atención hacia las circunstancias que producen temor e inquietud.

Aumenta mi fe por completo para extinguir los intentos del enemigo de derribar mi esperanza. Tú eres mi escudo y mi libertador, razón por la cual confío en ti plenamente. Concédeme tu favor, y permaneceré en tu presencia en la asamblea mientras ensalzamos tu nombre.

**¿Cuál es tu mejor defensa contra las tentaciones que enfrentas?**

# NO ES MI HOGAR

No imiten las conductas ni las costumbres de este mundo,
más bien dejen que Dios los transforme en personas nuevas
al cambiarles la manera de pensar. Entonces aprenderán
a conocer la voluntad de Dios para ustedes,
la cual es buena, agradable y perfecta.

ROMANOS 12:2, NTV

Señor, cuán majestuoso es tu reino; cuán maravillosas son las promesas que has hecho a quienes anhelan tu venida. Haz que mis pensamientos y esperanzas estén fijos en recibir tu premio y en ser enseñado conforme a tu sabiduría para entender los tiempos y prepararme para la tarea que tengo por delante. Aleja mi atención de esta vida, y que esté dispuesto a hacer a un lado mi propia satisfacción personal a cambio de buscar tu reino.

Ayúdame a servir bien y a confiar por completo en tu obra y tu plan. Sé exaltado ante mis ojos y muéstrate fiel cada día, para que pueda ser lleno de la valentía que necesito para continuar en tus caminos de justicia. Transforma mis pensamientos y conforma mi carácter y mis deseos a los tuyos.

**¿Cómo puedes saber qué tipo de estilo de vida valora Dios?**

# AMBICIÓN EGOÍSTA

Porque el que a sí mismo se enaltece será humillado,
y el que se humilla será enaltecido.
MATEO 23:12, NVI

Señor mío, quiero que seas glorificado y exaltado. Dame la fortitud para permanecer firme. Tú eres el Rey sobre toda la creación, porque tú la creaste, la ordenaste y la preservaste. Hágase tu voluntad. Yo no soy nada sin ti. Tú eres quien levanta o derroca líderes. Úsame según tu voluntad, Rey mío, y sé magnificado ante los ojos de los demás por las tareas que has puesto delante de mí. Confío en ti para recibir provisión para la tarea y para el cumplimiento de tus promesas a quienes buscan rectamente tu gloria.

Establece tu voluntad y tu reino en la tierra tal como has declarado, y recibe la alabanza y la adoración debidas a tu glorioso nombre. Decido entregarte mi lealtad y someterme a tu majestad; ya no deseo exaltarme a mí mismo. Gracias por tu generosa misericordia hacia mí aunque he sido un pecador delante de ti. Sé que mis caminos no siempre han buscado tu gloria. Cumple tu voluntad en mí, majestuoso Señor.

**¿A qué has sido llamado a renunciar por causa de la humildad?**

# ABRIL

La oración ferviente de
una persona justa
tiene mucho poder y da
resultados maravillosos.

Santiago 5:16, NTV

# SIN CRÍTICA

Mantengan siempre limpia la conciencia. Entonces,
si la gente habla en contra de ustedes será avergonzada al ver
la vida recta que llevan porque pertenecen a Cristo.
1 PEDRO 3:16, NTV

Padre, sé que tus buenas promesas serán establecidas en la tierra, y tu nombre será exaltado. Tú serás exaltado en tus caminos, y las gentes de la tierra se postrarán ante ti asombradas. Tú levantarás a tus siervos fieles delante de todas las gentes, y sus obras serán exaltadas delante de ellos, y te darán gloria a ti por tu justo juicio. Tus amados ya no serán más insultados o abusados a causa de los caminos que tú les enseñaste.

En tu día de juicio todo será revelado, y la futilidad de la sabiduría del mundo se mostrará con toda claridad. Sé magnificado, Dios, y regresa pronto para librar a tu pueblo. ¡Que tu justicia sea revelada en gloria!

**¿Por qué crees que Dios permite que su pueblo sea maltratado y difamado?**

# PROPENSO A ERRAR

*Señor, yo sé que el hombre no es dueño de su destino,*
*que no le es dado al caminante dirigir sus propios pasos.*
JEREMÍAS 10:23, NVI

Señor mi Dios, tus caminos son rectos y buenos; tú has establecido el caminos que es recto, y has dado tu instrucción en cuanto a la dirección de ese camino. Tú eres el Rey de todo. ¿Por qué planeo en vano los pasos de mi vida delante de ti como si a ti pudiera satisfacerte cualquier senda que yo pudiera escoger? En cambio, que tu Espíritu Santo me dirija y me enseñe el camino que debo recorrer. El camino es difícil y angosto, es el camino menos transitado en la tierra, y sin embargo, tú también me fortaleces para mantenerme fiel en ese camino.

Según tu gracia, hazme recto ante tus ojos para que puedas levantarme en el último día y pueda vivir contigo en justicia para siempre. Tú eres el Creador y Rey, y en consecuencia, mi vida te pertenece. Haz tu voluntad en mí y sé glorificado.

**¿Cuán importante es aprender la lección de que tu vida no te pertenece para que la dirijas? ¿Cuán profunda es esta cuestión?**

# TÚ ERES PERFECTO

El camino de Dios es perfecto;
la palabra del SEÑOR es intachable.
Escudo es Dios a los que en él se refugian.
SALMOS 18:30, NVI

Señor, tu eres fiel y verdadero en todos tus caminos, y podemos confiar en ti en todas las cosas que has declarado. Quienes ponen su esperanza en ti no serán avergonzados, y tú los protegerás de las flechas del enemigo. Tú eres fiel para librarlos hasta el día de tu salvación. Has demostrado ser fiel en tus tratos con la humanidad, y tu fidelidad hacia tu pueblo se ha mostrado repetidamente, tanto por su bendición como por su disciplina.

Puedo descansar en la seguridad de que tú cumplirás todas tus promesas de restauración y bendición en el día de tu gloria. Glorifico y exalto tu santo nombre por tus grandes obras de justicia.

**¿Crees que hay características específicas en cuanto a Dios que lo hacen perfecto, o es la perfección simplemente una de sus características?**

# FUENTE DE ESPERANZA

Le pido a Dios, fuente de esperanza, que los llene completamente
de alegría y paz, porque confían en él. Entonces rebosarán
de una esperanza segura mediante el poder del Espíritu Santo.
ROMANOS 15:13, NTV

Oh Señor, tus caminos son maravillosos, y has de ser
glorificado por tus grandes obras. Tú has demostrado
ser fiel a tus promesas, y podemos tener gran esperanza
debido a tu fidelidad y tu misericordia. ¿Cuán magníficas
son tus promesas que aún han de cumplirse? Hacen que tus
primeras obras parezcan pequeñas en comparación. Cuán
maravilloso es poder esperarlas.

Considerando tu fidelidad y que tus promesas cumplidas
serán mejores que cualquier cosa que encontremos en esta
vida, mi corazón se tranquiliza y me lleno de gozo debido a
tus buenas noticias. Que otros sean atraídos a la esperanza
de tu restauración y pongan también su confianza en ti.
Que la tierra sea llena de la gloria de tus obras mientras
anticipamos la culminación de los tiempos.

**Dios es la fuente de esperanza, pero ¿qué hay con
respecto a que Él te dé motivos para tener esperanza?**

# DESEAR LA HUMILDAD

Recompensa de la humildad y del temor del SEÑOR
son las riquezas, la honra y la vida.
PROVERBIOS 22:4, NVI

A lo largo de tu Palabra declaras que exaltarás al humilde pero derribarás al arrogante. Enséñame a humillarme delante de ti, Señor. Tú eres ciertamente el mayor de los reyes y el más poderoso de todos los señores. Sin embargo, eres manso y humilde en tu manera de expresarlo, mostrando paciencia en lugar de moverte con rapidez, y por eso a veces olvido tu gran majestad.

Recuérdame diariamente la magnificencia de tu trono, para que me postre ante tu majestad. Sé cuál es mi lugar como tu siervo; asegura ese conocimiento en las profundidades de mi corazón y haz que camine delante de ti en humildad y deferencia. Tú eres mi gran Rey y Dios glorioso. Exalto tu extraordinario nombre.

**¿Cuándo crees que los humildes reciben su recompensa?**

# NO PUEDE PERDERSE

Que se levanten todos los valles,
y se allanen todos los montes y colinas;
que el terreno escabroso se nivele
y se alisen las quebradas.

ISAÍAS 40:4, NVI

Señor, tú nunca abandonarás a tu pueblo que clama a ti en humildad y rectitud. Tú llegas hasta los confines de la tierra para encontrarlos y restaurarlos según tu Palabra fiel. Tú sacudes los cimientos del mundo, las naciones y todo aquello en lo que confían, para allanar un camino de rectitud para que tu pueblo lo transite.

Sostenme, Dios mío, con tu justicia, y no permitas que caiga cuando sacudas los lugares altos de la tierra. Cuando los sistemas del mundo se tambaleen ante tu prueba, lléname con tu Espíritu y sus deseos, de modo que yo no flaquee en mi consagración a tu reino venidero. Sostenme y guárdame en medio de la prueba y la dificultad. Gracias por tu paciencia y tu apoyo fiel. Confío en ti.

**¿Cuáles son algunas cosas que Dios ha estado sacudiendo en tu vida para producir bien para ti?**

# RENUEVA MI MENTE

Dejen que el Espíritu les renueve los pensamientos
y las actitudes.
EFESIOS 4:23, NTV

Renueva mis pensamientos y mis sueños más profundos,
oh Señor, y confórmalos a los tuyos. Conforme a tu Espíritu
Santo, que tus deseos y motivaciones sean también los
míos. Establece mis esperanzas en la vida eterna del
reino de justicia que has prometido a tu pueblo. Aleja mis
pensamiento de la satisfacción en esta vida para buscar la
satisfacción que producirá tu restauración.

Sé que seré lleno de la paciencia que tú tienes también
para esperar y buscar la salvación de otros en lugar de
venganza. Cuando edifiques en mí los pensamientos,
deseos y actitudes que tú deseas, entonces me mantendré
firmemente por tus buenas noticias y me regocijaré. Gracias
por darme los regalos de tu enseñanza y tu Espíritu para
hacer que conforme mi vida a tu justicia con alegría.

**¿Qué es la renovación de tus pensamientos y
actitudes?**

# HECHO PARA SER

Tenemos, pues, diferentes dones,
según la gracia que nos es dada.
ROMANOS 12:6, RVR1995

Enséñame a usar mis talentos y habilidades de modo que exalten tu nombre, Dios. Quiero ser una bendición para ti en mis acciones y un buen administrador de los recursos que tú me has provisto. Por alguna razón, a menudo parece fácil usar de maneras corruptas los talentos que tú has otorgado, buscar mi propia exaltación y aislarme del sufrimiento que puede ayudar a edificar un carácter piadoso. Usa mis talentos para tu gloria. Sé que muchas veces es difícil hacerlo. Sé que me has creado para glorificar tu nombre y extender las buenas noticias de tu reino venidero, y me has hecho para que pueda trabajar con otros para producir un hermoso testimonio en tu nombre.

Dame sabiduría y activa mi imaginación para inspirarme y dar a mi voluntad la fortaleza que necesita para actuar y ejercitar los dones que tú has producido en mí. Te doy las gracias por tu generosidad y por confiarme tus recursos. Que produzcan una cosecha abundante para tu reino en la restauración de todas las cosas.

**¿Te ha dado Dios un don que parece difícil de comenzar a ejercitar para su gloria?**

# SABIDURÍA SUFICIENTE

Si a alguno de ustedes le falta sabiduría, pídasela a Dios,
y él se la dará, pues Dios da a todos
generosamente sin menospreciar a nadie.
SANTIAGO 1:5, NVI

Padre, me maravillo ante la magnitud de tu sabiduría y el modo en que has establecido el funcionamiento del mundo. Tus planes son múltiples en su ámbito, y no se reducen a realizar simples tareas. Enséñame tu sabiduría y ayúdame a entender tus caminos. Deseo ser versado en la naturaleza de tu obra en el mundo y en la forma en que estás dirigiendo el rumbo de los eventos para llegar al día de tu gran gloria. Ayúdame a seguir tu camino conforme a tu gran sabiduría y a no seguir mi propio entendimiento.

En mi propio entendimiento, no sería tan paciente y compasivo como tú has sido. Tu sabiduría me enseñará la senda de la justicia que conduce a recibir el premio de mi fe. Gracias por tu sabiduría, que es el plano para cómo vivir de acuerdo a tus propósitos y dentro de tu orden creado ordenado. Tú concedes sabiduría alegremente y generosamente a todo el que te la pide. Eres misericordioso conmigo, y bendeciré tu nombre justo.

**¿Cuál crees que es el propósito de la sabiduría?**

# SUMISIÓN VOLUNTARIA

Obedezcan a sus líderes espirituales y hagan lo que ellos dicen. Su tarea es cuidar el alma de ustedes y tienen que rendir cuentas a Dios. Denles motivos para que la hagan con alegría y no con dolor. Esto último ciertamente no los beneficiará a ustedes.

HEBREOS 13:17, NTV

Padre, tú estableciste una jerarquía de gobierno sobre tu creación. Estableciste gobernadores y potestades y, al final, diste autoridad sobre la tierra a la humanidad. Cada grupo de gentes y cada nación tiene una autoridad gobernante establecida que actúa conforme al mandato divino que tú has establecido.

Me someto a tu voluntad y a las autoridades gobernantes que tú has establecido, sabiendo muy bien que muchos de ellos no actúan en sumisión a tu soberanía. Concédeles sabiduría, en la medida en que la usarán, y ayúdales a cumplir con su verdadera responsabilidad. Que gobiernen con justicia y para el bien de aquellos a quienes gobiernan, sin intentar utilizar la posición que tú les has dado para intereses egoístas. Enseña a nuestros líderes de gobierno la verdadera naturaleza del liderazgo de servicio, y recuérdales que rendirán cuentas ante ti.

**¿Cuán difícil te resulta someterte a las autoridades de gobierno como si fueran agentes de Dios?**

# AUTODISCIPLINA

Por lo tanto, ya que estamos rodeados por una enorme multitud de testigos de la vida de fe, quitémonos todo peso que nos impida correr, especialmente el pecado que tan fácilmente nos hace tropezar. Y corramos con perseverancia la carrera que Dios nos ha puesto por delante.

HEBREOS 12:1, NTV

Padre, tú has sido misericordioso y generoso conmigo en mi vida. Me has ofrecido un lugar en tu reino de justicia y me has ofrecido tu paz. Has provisto para mis necesidades, y con frecuencia me has dado más de lo que necesito. La gracia de tu enseñanza es muy beneficiosa para mí. Has registrado los actos de fidelidad de quienes han puesto su confianza en ti, pero también has dejado el ánimo al poder leer muchos de sus fracasos para hacerme saber que todos fallamos a veces.

Tú eres fiel para ayudarme y establecerme en el camino cuando abandono mis sendas erróneas. Confiaré en tu Palabra y en el aliento que me da, sometiéndome a la disciplina que tú estableces para producir dominio propio en mí. Tu Palabra arroja mucha luz en la senda que has puesto delante de mí; dame la sabiduría para entender tus enseñanzas. Gracias por tu preciosa Palabra y por tu Espíritu que me guía en la senda que conduce a la justicia y la recompensa de la vida eterna.

**¿De quién es el ejemplo que te alienta a correr fielmente esta carrera de la fe?**

# FUTURO REAL

Ahora oigan esto, ustedes, los que dicen: «Hoy o mañana iremos a tal o cual ciudad, y allí pasaremos un año haciendo negocios y ganando dinero», ¡y ni siquiera saben lo que mañana será de su vida! Ustedes son como una neblina que aparece por un momento y en seguida desaparece. Lo que deben decir es: «Si el Señor quiere, viviremos y haremos esto o aquello».
SANTIAGO 4:13-15, DHH

Tu misericordia y tu fidelidad son más grandes de lo que puedo imaginar, Dios, y exalto tu nombre delante de la gente por tu gran misericordia. Gracias por la promesa que has hecho, y que hiciste incluso a Adán y Eva, de restaurar la creación y revertir la maldición de la muerte. Tu mensaje fue que esta vida es temporal y no durará para siempre. Cualquier cosa que yo tenga en esta vida, sea buena o mala, no es sino una sombra o un vapor que esencialmente desaparece. Sin embargo, tú tienes planes para dar bendición y ofrecer vida.

Tú eres el Dios bueno que establece mis pasos a pesar de mis planes. Tú haces que todas las cosas ayuden para bien con el fin de producir un temperamento recto dentro de mí, para que así puedas darme la recompensa que deseas impartir. Me someteré a tu gobierno en esta vida, sabiendo que tú eres el Rey grande y verdadero. Guíame en tu sabiduría, y dirigiré el negocio de la vida según la enseñanza de tu Espíritu.

**¿Quién tiene la autoridad en esta vida?**

# PRESENTE

Nadie jamás ha visto a Dios; pero si nos amamos unos a otros,
Dios vive en nosotros y su amor llega a la máxima expresión
en nosotros.

1 JUAN 4:12, NTV

Padre, lléname con tu extraordinario corazón de compasión
e interés por la gente, para que pueda testificar de tu
bondad entre las naciones. Ayúdame a expresar afecto
verdadero por la asamblea de creyentes y a dedicarme a
servirlos y alentarlos a caminar juntos esta vida de fe. Es
mucho más agradable y emocionante recorrer una senda
con un grupo de personas del mismo parecer que se aman
y se honran unos a otros, se alientan mutuamente, disfrutan
de la aventura y se divierten juntos. Y más importante
aún es el apoyo que podemos obtener de los hermanos
mientras enfrentamos juntos pruebas y batallas.

Que el mundo pueda probar tu gloria mediante la
camaradería de hermanos creyentes que caminan juntos
en paz y en amor. Aunque muchos despreciarán lo que
ven, confío en que tú tocarás a muchas personas con la
expresión de compasión y generosidad, y los conducirás a
acudir a tu reino prometido.

**¿Cómo puedes mostrar mayor amor e interés a tus
hermanas y hermanos cristianos?**

# ESTÁ PROMETIDO

Porque yo sé muy bien los planes que tengo para ustedes
—afirma el SEÑOR—, planes de bienestar y no de calamidad,
a fin de darles un futuro y una esperanza.
JEREMÍAS 29:11, NVI

Gracias por tus extraordinarias promesas de vida y plenitud, gran Dios y Rey. Tú me honras, y me humilla el saber que no soy digno de recibir los dones que tú anticipas entregar. Solamente mediante tu fortaleza y tu enseñanza podré resistir hasta el final de este camino y, sin embargo, todo es parte de tus buenos planes para mí, para transformar y moldear mis intenciones corrompidas conforme a la bondad de tu Espíritu.

Padre, te pido que seas diligente en enseñarme y estimularme a lo largo de la senda de tu justicia, enseñándome a entender la naturaleza de tu plan. Me alegro mucho por las cosas que tú tienes preparadas, anticipando con anhelo el día que finalmente las reveles al mundo. Que muchas personas vuelvan sus corazones a ti, se entreguen a ti, y sean levantadas también cuando tú regreses. Que tu casa sea llena de quienes aman tus caminos.

**¿Puede un plan para hacer el bien incluir tiempos de dificultad a lo largo del camino?**

# CELOS

El enojo es cruel, y la ira es como una inundación,
pero los celos son aún más peligrosos.
PROVERBIOS 27:4, NTV

Dios, tú eres majestuoso sobre todo lo demás, y digno
de ser alabado. Has de ser exaltado y honrado en toda la
tierra. En cambio, hemos entregado nuestra lealtad a otros
dioses, meras criaturas que tú has creado, y por causa
de eso hemos corrompido tu creación. Hemos cultivado
maldad y hemos gobernado según la sabiduría terrenal.
Tú amas celosamente tu creación y a las personas que has
creado, y buscas celosamente el honor debido a tu nombre.
¿Quién podrá mantenerse en pie en el día de tu juicio?
Hemos contaminado tu mundo bueno con nuestro egoísmo
y nuestra idolatría, y tus celos arden debido a este abuso de
nuestra posición y poder.

Padre, estoy muy agradecido por tu gran misericordia y
tu paciencia para darme la oportunidad de volverme a ti y
situar correctamente mi devoción delante de ti. Gracias por
tu perdón.

**¿Crees que los celos son algo malvado? ¿Cuándo son
buenos?**

# MI
# RECONCILIACIÓN

Porque si, cuando éramos enemigos de Dios, fuimos reconciliados con él mediante la muerte de su Hijo, ¡con cuánta más razón, habiendo sido reconciliados, seremos salvados por su vida!
ROMANOS 5:10, NVI

Cuán hermosos son tus planes para conmigo, mi gran Dios y Rey, porque tú has orquestado un plan muy detallado para preservar a tu pueblo y ofrecer la paz a las naciones. Me siento conmovido y abrumado por el favor que me has mostrado aunque no te he dado ningún motivo para hacerlo. El medio por el cual has creado un plan que llama, purifica, reconcilia, edifica carácter y prueba la naturaleza de la humanidad, me resulta asombroso.

Tus caminos son mucho más gloriosos que los míos, y tu sabiduría es envidiable. Padre, te pido que me enseñes tus caminos conforme a tu enseñanza; muéstrame tus sendas de rectitud en el poder del Espíritu Santo. Tú me has llamado aunque me he rebelado contra ti, y me has hecho uno de los tuyos. Recibe toda la alabanza debida a tu nombre, porque tú eres extraordinario.

**¿Cuál crees que es el propósito de la reconciliación?**

# BELLEZA EN EL DOLOR

«¿Llevaría yo a esta nación al punto de nacer
para después no dejar que naciera?—pregunta el SEÑOR—.
¡No! Nunca impediría que naciera esta nación»,
dice su Dios.

ISAÍAS 66:9, NTV

Señor, me abruma que tú te hayas acercado a mí para ofrecerme salvación. En esta vida hay mucho dolor y pruebas. Purgar la maldad de mí mismo duele, y a menudo conduce a circunstancias que yo no escogería para mi vida. Dios, no me has dejado solo para que enfrente estas circunstancias en futilidad, sino que estás obrando para producir en mí un carácter piadoso y, al final, la recompensa de la vida eterna.

Examíname y conóceme, Señor, límpiame y saca de mí el hombre recto que has deseado siempre. Te exaltaré en medio de la congregación de naciones justas porque tú has sido fiel para producir la belleza de tu restauración prometida.

**¿Te das cuenta de que a menudo intentas evitar los tiempos dolorosos en tu vida?**

# YA ESTÁ GANADA

Porque el SEÑOR tu Dios está contigo; él peleará en favor tuyo
y te dará la victoria sobre tus enemigos.

DEUTERONOMIO 20:4, NVI

Oh Rey conquistador, tú gobiernas en justicia y plenitud
sobre todo lo que tus manos han creado. Tú eres
misericordioso, y has dado incluso a tus enemigos cierto
margen para gobernar conforme a sus propios deseos,
hasta un punto. Pero tú tienes todo poder y soberanía sobre
toda la tierra. Señor, levántate y cumple las promesas que
has establecido mediante tu decreto justo desde hace
generaciones.

Tú eres el Rey que conducirá a la batalla y restaurará la
creación según tu poderosa Palabra. Te exaltamos y nos
unimos a las huestes celestiales en alabanza por tu obra
gloriosa. Tus enemigos creen que pueden maquinar para
derrocar tus decretos y hacerse con el poder para sí
mismos, pero tu victoria ya está asegurada. Anhelamos el
día en que cumplas por completo tus promesas.

**Cuando los enemigos de Dios parecen ganar
pequeñas victorias en tu vida cotidiana, ¿qué te da
esperanza?**

# CARGAR CON DEMASIADO

*¿De qué le sirve a uno ganar el mundo entero
si se pierde o se destruye a sí mismo?*
LUCAS 9:25, NVI

Muchas veces, Dios, soy distraído por las cosas del mundo porque olvido la maravilla de la vida venidera. Recuérdame continuamente que puedo intercambiar mi lugar en tu reino venidero por los premios efímeros de esta vida, o puedo escoger persistir en seguirte a ti y recibir mi recompensa en tu tiempo.

Señor, el mal que las personas se hacen unas a otras está arraigado a menudo en el deseo de mejorar su propia suerte en esta vida. Abusamos de otros, oprimimos a otros, y los pisoteamos en nuestro camino hacia cumplir nuestros propios deseos. Ayúdame a esperar en ti para que me llenes, suplas mis necesidades y me des tus deseos. Confiaré en ti.

**Conseguir cosas buenas en esta vida, ¿cómo te sitúa en peligro de perder tu lugar en la vida venidera?**

# LA DERROTA ES IMPOSIBLE

Pues tendrás éxito si obedeces cuidadosamente los decretos y las ordenanzas que el SEÑOR le dio a Israel por medio de Moisés. ¡Sé fuerte y valiente! ¡No tengas miedo ni te desanimes!

1 CRÓNICAS 22:13, NTV

Dios misericordioso, cuán agradecido estoy porque me has dado tu Palabra que puede ordenar mis pasos y redirigir mis decisiones. Tú has sido muy bueno al darnos un libro de enseñanza para guiarme a la verdad de tu obra en el mundo. Has sacado a tu pueblo de la cautividad para convertirlo en la luz de todas las naciones; y, mediante la luz que les has dado, me acercas a tus buenas noticias.

Fortalece mi corazón para permanecer firme contra las tentaciones que desean alejarme de tus buenas promesas. A medida que sigo tu Palabra y obedezco tus mandatos, nunca tendré que tener temor a lo que llegue en el futuro, porque tú sostendrás al justo con tu diestra y cumplirás tus promesas de exaltar a quienes se humillan en obediencia a tus mandatos.

**¿Qué proporciona la Palabra de Dios como el medio para vivir libre del temor?**

# TAL COMO LO CONOZCO

Pero el mundo se va acabando, con todos sus malos deseos;
en cambio, el que hace la voluntad de Dios vive para siempre.
1 JUAN 2:17, DHH

Padre, ¿cómo he de imaginar la maravilla de la creación renovada que has prometido llevar a cabo? Mi experiencia es tan distinta a tus promesas, que deslumbra mi imaginación. Dame entendimiento conforme a tu Santo Espíritu para que pueda considerar su maravilla. Fortaléceme en tu sabiduría para que pueda estar firme para recibir el premio. Que tu enseñanza me aliente a perseverar ante los problemas y las dificultades que son tan comunes en esta vida.

Pondré mi esperanza en que tú cumplirás tus promesas y restaurarás la tierra tal como has dicho, porque tu Espíritu confirmará la sabiduría de poner mi confianza en ti. Renueva cada día mi compromiso con tu voluntad soberana, porque así entraré a tu justicia y seré alimentado por tus promesas. Mediante tu voluntad, me opondré al llamado del mundo.

**¿Cuáles son algunas cosas que desafían tu imaginación y que esperas recibir en la vida venidera?**

# SABIDURÍA SIN IGUAL

Con Dios están la sabiduría y el poder;
suyos son el consejo y el entendimiento.
JOB 12:13, NVI

Magnífico Padre, deseo que seas alabado por lo incomparable de tu sabiduría. Tú eres asombroso en las sendas que has trazado y los planes que has concebido. Son incomparables en su creatividad y magnificencia, e irrefutables en su eficacia. Aunque tú revelas tus planes a tus enemigos, aun así no son capaces de resistirlos. Cada acción que realizan en rebelión contra ti consolida aún más la certeza de que tus planes tendrán éxito.

Tú no tienes igual en toda la creación, y nadie puede resistir la implementación de tus planes. Si me someto a ellos, tú me aceptas como tu hijo y purificas mi camino. Tus caminos son maravillosos, mi Señor, y te doy honra y alabanza. Que tu nombre sea exaltado entre todas las naciones y en las bocas de todos los líderes de la tierra.

**¿Qué crees que hace que la sabiduría de Dios sea tan milagrosa?**

# CADA ACTO SANTO

Busquen la paz con todos, y la santidad,
sin la cual nadie verá al Señor.
HEBREOS 12:14, NVI

Padre, que el mundo conozca la paz verdadera; que las guerras y la violencia dejen de ser un pilar de la interacción humana. Parece inimaginable y, sin embargo, eso es lo que anhelo. Desarrolla la capacidad de diferir mi propia satisfacción y la defensa de mis propios derechos y justicia. Enséñame a controlar mi genio y a ver con los mismos ojos con los que tú ves a los demás. Recuérdame el egoísmo que albergo para que pueda perdonar el egoísmo de otros, pues, de este modo, seré lento para juzgar.

Te doy gracias por la confianza que me das con respecto a tus promesas y el carácter que estás edificando en mí. Que esa confianza se traduzca en la capacidad de refrenarme de demandar lo que yo quiero. Ayúdame a reflejar tu restricción en mis tratos con los demás, para que la paz sea el resultado, y quizá sean atraídos a tu naturaleza.

**¿Cuál crees que es la fuente de la agresión y la violencia que experimenta el mundo?**

# SERÁ HECHO

Por otra parte, cumplí con mi tarea de reconstruir la muralla
de la ciudad, y no adquirí terrenos. En cuanto a mis empleados,
todos ellos tomaron parte en el trabajo.

NEHEMÍAS 5:16, DHH

Tengo confianza en tu fiel bondad hacia la tierra, Dios, y
cuán maravillosamente recompensarás a quienes buscan
tu reino con diligencia. Me emociona ver la obra que harás,
y cómo restaurarás la tierra. Serás alabado sobre todas
las criaturas, como es debido, y tu gloria brillará desde el
templo que restaurarás. Tu casa será un lugar para que
todas las naciones se reúnan y te glorifiquen, y reciban de ti
la abundante provisión que tú has deseado dar.

Tú creaste a la humanidad sobre la tierra para ser tus
gobernantes legítimos y para glorificarte en la tierra, y
muchas personas de todas las naciones se deleitarán en
exaltar tu nombre. Gracias por ofrecerme un lugar en tu
fiesta, y ayúdame a prepararme para ello.

**¿Qué es lo que más esperas experimentar en la
eternidad?**

# NACIDO DEL DOLOR

Y este es mi mandamiento: que se amen los unos a los otros,
como yo los he amado.

JUAN 15:12, NVI

Padre, dame la gracia para amar a mi prójimo y a mis amigos con el amor que Jesús ejemplificó. Ayúdame a interesarme por quienes necesitan tus buenas nuevas, a confrontar rectamente a quienes necesitan arrepentimiento, a estar cerca de quienes se han entregado a ti. Dame la fortaleza y la sabiduría para vivir responsablemente y con gozo con quienes también esperan en ti y desean vivir sus vidas en este tiempo anhelando tu venida.

Ayúdame a entender tu amor misericordioso en verdad, y a minimizar mi propia interpretación de él, para que otros puedan experimentar tu amor y no mi afecto defectuoso. Padre, ayúdame a amar verdaderamente a los demás como Jesús los amó.

**Cuando ves el modo en que Jesús interactuaba con las personas, ¿cuáles son algunas diferencias entre el modo en que Él mostraba amor y el modo en que tú piensas que se muestra el amor?**

# HERMOSA REFLEXIÓN

Una sola cosa le pido al SEÑOR, y es lo único que persigo:
habitar en la casa del SEÑOR todos los días de mi vida,
para contemplar la hermosura del SEÑOR y recrearme en su templo.
SALMOS 27:4, NVI

Cuán majestuoso es pensar en ti y en la maravilla de tu amor, tu cuidado y tu poder, oh Señor mi Dios. Ojalá pudiera recordar que es mucho mejor ser hallado en tu presencia que cualquier otra cosa que el mundo tenga que ofrecer. Tú has creado la tierra para que sea una provisión para mí y un lugar donde podamos reunirnos en comunión; sin embargo, muchas veces busco cosas que son mucho menos satisfactorias. Amplía mi esperanza y mi deseo de ti. Ayúdame a esperarte con paciencia, y en lugar de ser distraído por las luces y los placeres momentáneos, que mi apetito por ti siga aumentando.

Que piense diariamente en tu bondad, y considere cada día el gozo de vivir en un mundo que tú has glorificado y en el cual puedo encontrar tu presencia. Y será mucho mejor tener comunión contigo en un mundo totalmente entregado a tu gloria. Sé exaltado, Dios mío, en plenitud de palabra y obra.

**¿Qué crees que hace que habitar cerca de Dios sea algo a desear tanto, que podrías abandonar todo lo demás?**

# MI SEGURIDAD

*No serán avergonzados en tiempos difíciles;*
*tendrán más que suficiente aun en tiempo de hambre.*
SALMOS 37:19, NTV

Levántame, Dios, en los tiempos difíciles, y te glorificaré. Tú estás al lado del justo y de quienes confían en ti en lugar de confiar en sus fuerzas. Pongo mi esperanza en ti y busco seguir la senda que tú has trazado para mí. Fortaléceme y sostenme. En tu misericordia y favor, suple mis necesidades siempre. Te entrego mi devoción y te ofrezco mi capacidad para hacer lo que tú me ordenes e ir donde tú me envíes. Soy tu siervo entregado. Te debo más de lo que puedo dar.

Aunque tus enemigos han buscado destruirme en esta vida, no seré avergonzado delante de ti porque confío en ti para mi bien y busco tu reino y tu justicia. Sé que tú me establecerás en el día de tu venida, de modo que tendré una posesión eterna en tu reino, pues tú eres fiel con todos los que confían en ti. Te doy gloria y honor, Dios, y te doy gracias por tu provisión.

**¿Por qué crees que vemos a creyentes pasar hambre y estar aparentemente avergonzados en tiempos de problemas?**

# ACEPTA LA ESPERA

*Entonces ustedes me invocarán, y vendrán a suplicarme,*
*y yo los escucharé.*
JEREMÍAS 29:12, NVI

Señor mi Dios, escucha mis peticiones, porque me dirijo a ti y busco la gloria de tu reino. Perdóname el error de mis caminos, y ten misericordia por la maldad que he cometido ante tus ojos. Estoy a tu merced y me pongo en tus manos, porque sé que eres un Rey misericordioso. Escucha mi clamor de reconciliación. Confío en que tú eres un Dios bueno que no desea ver destruido al malo, sino que se reconcilie contigo. Sé que no ignorarás las peticiones del humilde, las peticiones de quienes se postran en honor delante de tu autoridad soberana.

Te exalto, Dios mío, porque no soy otra cosa sino un siervo delante de ti. Escúchame, y estaré satisfecho. Presta atención a mi petición de misericordia, y estaré contento. Tú eres el Dios grande y maravilloso, el Rey sobre toda la creación, y te doy honra. Gracias por tus buenas acciones hacia tu siervo humilde.

**¿Qué precede la declaración de Dios en Jeremías 29:12?**

# GRATITUD EN LAS PRUEBAS

Hermanos míos, ustedes deben tenerse por muy dichosos
cuando se vean sometidos a pruebas de toda clase. Pues ya
saben que cuando su fe es puesta a prueba, ustedes aprenden a
soportar con fortaleza el sufrimiento.
Pero procuren que esa fortaleza los lleve a la perfección,
a la madurez plena, sin que les falte nada.
Santiago 1:2-4, DHH

Padre, estoy contento porque has escogido probarme y
enseñarme en el temor del Señor, y porque has decidido
disciplinarme y moldearme a imagen de tu Hijo fiel, Jesús.
Conozco los efectos del entrenamiento y el modo en que
los resultados producen fruto. Aunque la experiencia puede
ser difícil en el momento, y los efectos me dejan adolorido
después, el resultado en mi vida es bueno y agradable.

Estoy agradecido contigo por tu persistencia en la disciplina,
porque significa que no me has dado la espalda aunque yo me
resisto a veces al entrenamiento que tú ofreces e intento alejarme
de los ejercicios que me haces atravesar. Tú eres compasivo y
paciente conmigo, y tu bondad producirá buen fruto. Me alegra
tener tu invitación a unirme con tu pueblo en restauración, y me
humilla que me consideres a mí para tu servicio.

**¿Consideras que las pruebas son un regalo de
Dios que hay que aceptar, o algo a evitar y finalizar
rápidamente?**

# DONDE ESTÉS

Pues donde se reúnen dos o tres en mi nombre,
yo estoy allí entre ellos.
MATEO 18:20, NTV

Qué increíble es que pueda reunirme con otras personas que se han entregado a tu reino. Desde el principio, tú sabías que no era bueno que estuviéramos solos, de modo que has llamado a muchos que se alientan y se animan mutuamente. Nos alegra ser llamados conforme a tu nombre. Exalta tu nombre en nuestras asambleas. Que las naciones vean tu bondad y tu favor en nuestras reuniones y sean persuadidos a acudir a ti.

Padre, que la fe en ti sea una luz para quienes residen en la oscuridad. Obra tus milagros a la vista de las naciones para enseñarles la verdad de tu Palabra. Que nuestro amor los unos por los otros testifique de tu amor por nosotros. Me alegra y me conmueve ser parte de tu familia.

**¿Cómo crees que puede encontrarse a Dios en una asamblea junto con los congregantes?**

# MAYO

Pido que les inunde de
luz el corazón, para que
puedan entender
la esperanza segura que
él ha dado a los que llamó
—es decir, su pueblo
santo—, quienes son
su rica y gloriosa
herencia.

EFESIOS 1:18, NTV

# UNA VISLUMBRE

Porque ciertamente hay un porvenir
y tu esperanza no será frustrada.
PROVERBIOS 23:18, RVR1995

Padre, necesito que me muestres una señal de tu fiabilidad.
Creo en tu fidelidad y tu bondad, y sin embargo, soy débil
y necesito tu aliento. Que tu Espíritu me dé un regalo
para ayudarme a permanecer fiel a la senda de la justicia.
Recuérdame tu bondad; muéstrame que tus promesas
son fieles y verdaderas. Que mi corazón deje de estar
angustiado en medio de las dificultades de la vida.

Enfrento muchas pruebas y luchas, Dios, igual que tu Hijo
experimentó en su tiempo. Susténtame con el mismo
Espíritu que lo sustentó a Él, y moldéame hasta ser una
representación aún más precisa del hombre que tú has
deseado desde la creación del mundo. Corrígeme con las
llamas de las pruebas, pero no olvides mi corazón errante y
fortalécelo en medio del fuego.

**¿Qué propósito crees que cumplen las obras
milagrosas de Dios en tu vida diaria?**

# CAUTIVOS LIBERADOS

Por lo tanto, Cristo en verdad nos ha liberado.
Ahora asegúrense de permanecer libres
y no se esclavicen de nuevo a la ley.
GÁLATAS 5:1, NTV

Te doy gracias, Padre, por proveer una vía de escape de la cautividad al pecado y su consecuencia: la muerte. Tú has abierto un camino para que sea yo liberado del castigo que has establecido para quienes quebrantan tus justos decretos. Gracias por tu gran misericordia y deseo de ver a personas salvadas de la ira en lugar de destruidas.

Dame la fortaleza que necesito para residir en tu voluntad y perseverar en vivir una vida recta delante de ti. Cambia mi corazón para que viva según tus preceptos por amor y lealtad a ti, en lugar de hacerlo por obligación. Que mis deseos sean cambiados y alineados con tu voluntad. ¡Sé glorificado, oh Dios grande y perdonador! Que tus caminos sean exaltados en la tierra, y tu majestad sea conocida entre todas las naciones.

**¿Cuál crees que es la diferencia entre el llamado a vivir rectamente delante de Dios y la advertencia de no esclavizarnos a la ley?**

# TODO LO QUE CARGO

Trátenlo como a uno de ustedes; ámenlo, pues es como ustedes.
Además, también ustedes fueron extranjeros en Egipto.
Yo soy el Señor su Dios.
LEVÍTICO 19:34, DHH

Padre, tú me has tratado con gran bondad, y me has aceptado aunque yo era tu enemigo. Has hecho cosas buenas por mí y has suplido mis necesidades. Ayúdame a tratar a los demás del mismo modo. Ayúdame a recordar mi modesta posición y a tener misericordia de otros que son diferentes a mí. Ayúdame a compartir con otras personas las buenas noticias que tú has compartido conmigo, y a desear ver a todas las personas acudir a tu trono y presentarte su lealtad.

Deseo ser parte de tu pueblo que vive y trabaja en nuestro reino venidero para tu gloria y el beneficio de toda la tierra. Ayúdame a vivir en armonía con otros a causa de la grandeza de tu nombre y la soberanía de tu trono. Sé exaltado, mi Dios y Rey.

**¿Qué cosas te retan a tratar a las personas de diferentes culturas con el mismo amor que a ti mismo?**

# LOS ENEMIGOS VERÁN

Dichosos los perseguidos por causa de la justicia,
porque el reino de los cielos les pertenece.
MATEO 5:10, NVI

Padre, oro para que tus enemigos vean tu bondad y sean inspirados a alejarse de sus caminos. Incluso mientras persiguen al justo, que nuestra misericordia y gracia en la experiencia hagan que ellos busquen la causa de nuestras reacciones, y puedan encontrar a tu Espíritu Santo como la causa. Ayúdame a poner toda mi confianza en ti, para que pueda reaccionar con la gracia apropiada en el momento de la persecución.

Señor, tú conoces mi corazón, que deseo justicia y quiero que quienes hacen sufrir enfrenten la retribución apropiada, y sin embargo, aunque comparto eso contigo, necesito tu ayuda para imitar tu deseo de ver a los malos arrepentirse y ser salvos. Lléname de esa compasión y de mayor fe en tu día. Se hará justicia en el tiempo adecuado. Sé glorificado por tu misericordia y tu justicia.

**¿Cómo influencia la buena noticia del evangelio tu actitud hacia quienes tratan mal a otras personas?**

# DENTRO DE LAS MURALLAS

> Que haya paz dentro de tus murallas,
> seguridad en tus fortalezas.
> SALMOS 122:7, NVI

Señor mi Dios, cuida de mí y de mi familia. Pongo mi confianza y mi esperanza en ti, y te pido tu paz y tu provisión. Tú has prometido cuidar de mí mientras me consagre a ti, y me humillo en aceptación de tu Palabra. Entrego mi voluntad a la tuya, y ya no necesito pelear por mi propia provisión y seguridad. Además, también puedo confiar en que, incluso si enfrento problemas y peligro en esta vida, tus promesas me aseguran que cuidarás de mí en la eternidad.

Padre, tú sabes cómo me hiciste como hombre, y las cosas que me veo empujado a hacer como parte de mi naturaleza, las cosas que tú diseñaste en mí. Dame la capacidad de dejar a un lado esas cosas a cambio de tus planes para llevar perdón al mundo.

**¿Has experimentado momentos en la vida en los que no has sentido que tenías paz y seguridad? ¿Qué hiciste en esos momentos para mantenerte esperanzado?**

# DE DENTRO HACIA AFUERA

No juzgues por su apariencia o por su estatura, porque yo
lo he rechazado. El SEÑOR no ve las cosas de la manera
en que tú las ves. La gente juzga por las apariencias,
pero el SEÑOR mira el corazón.

1 SAMUEL 16:7, NTV

Padre, tú has conocido el corazón de los hombres desde el día en que nos estableciste sobre la faz de la tierra. Tú nos creaste a tu imagen, y nos hiciste para reflejarte a ti mismo. Tú me conoces hasta lo más íntimo de mis motivaciones. Límpiame conforme a tu deseo y mediante la obra de tu Espíritu en mí. Dame los deseos que estén en consonancia con tu obra. Que no solo mis obras sino todo mi ser estén consagrados a ti.

Moldéame como hombre para reflejarte con claridad y distinción. Que no sea yo una imagen borrosa del glorioso Rey del universo. Ayúdame a ser sabio y a discernir al evaluar los caminos de las personas en la tierra. Quiero permanecer fiel en palabra y obra delante de ti hasta el día en que nos encontremos cara a cara.

**¿Cuáles son algunas maneras en que necesitas que Jesús te ayude a convertirte en un reflejo fiel del carácter de Dios?**

# CUANDO DUDAMOS

Tengan compasión de los que dudan.
JUDAS 1:22, NVI

Mi Señor, te doy gracias por tu gran compasión y misericordia hacia aquellos que te aman y te siguen pero aún siguen batallando por la profundidad en su fe. Tú eres bueno para sustentarme. Pienso en los discípulos de Jesús, a quienes acusaba regularmente de tener poca fe, y que en el momento de la prueba lo abandonaron. Padre, tú me das gracia porque aún no soy perfecto en toda mi comprensión o en las decisiones que tomo. Puede que no siempre reflejen una fe plena en tu regreso, y sin embargo, tú te esfuerzas conmigo y me guías con paciencia en el camino que has puesto delante de mí.

Te pido que tu gracia continua me muestre tus caminos y me llene de la voluntad para seguir tus deseos. Restáurame cuando me desvío de tu buen plan y de tus mandatos rectos.

**¿Qué causan en ti las dudas con respecto a los planes y la voluntad de Dios?**

# SIN TEMOR AL PELIGRO

Aun si voy por valles tenebrosos, no temo peligro alguno
porque tú estás a mi lado;
tu vara de pastor me reconforta.

SALMOS 23:4, NVI

Señor mi Dios, ¿qué tengo que temer al mal si tú me has prometido vida eterna? Tú eres fiel para cumplir tus grandes promesas y establecerme según tu deseo de ver a los malos restaurados y a los justos recompensados. He puesto mi confianza en ti y pongo mi esperanza en tus promesas, de modo que entrego mi vida a tu guía y dirección.

No permitas que sea yo avergonzado. Exalta tu nombre en la tierra, y concretamente en mi propia vida, y me darás la valentía y la fortaleza para resistir cualquier ataque del enemigo. Atravesaré las pruebas y saldré de ellas para recibir la recompensa que me has prometido. Guárdame en tu camino recto, Dios mío, y hazme saber que tú me aceptas como hijo.

**¿Qué motivos podrían tener algunas personas para temer al mal? ¿Cuándo tendría sentido ese temor?**

# MI INSPIRACIÓN

Toda la Escritura es inspirada por Dios
y útil para enseñar, para reprender, para corregir
y para instruir en la justicia.
2 TIMOTEO 3:16, NVI

Dios, ¡tú me has inspirado y has despertado mi imaginación! Cuando considero tus obras desde el principio de la creación, el modo en que liberaste a tu pueblo, el modo que has establecido para extender las buenas nuevas, y el modo en que has orquestado eventos mundiales para crear un medio de purificar a tus siervos, me lleno de maravilla y asombro.

Cuando veo la creación, en toda su maravilla y majestad, la intensidad de los colores y la complejidad de los sistemas de la vida, me maravillo ante este Dios que resucitará a los muertos y los sostendrá para siempre. Tú eres magnífico en tus caminos, oh Señor, y tus Escrituras guían y dirigen nuestros pasos hacia ti.

**¿Qué espera Dios inspirar en ti?**

# TODO LO QUE SOY

Ama al Señor tu Dios con todo tu corazón,
con toda tu alma y con todas tus fuerzas.
DEUTERONOMIO 6:5, NTV

Señor, me entrego de nuevo a ti en este día. Tómame como tuyo y sitúame en la senda que deseas para mí. Como hombre de acción, que pueda yo trabajar en tu servicio. Lléname con tu Espíritu para que no busque mi propia gloria, sino que me someta en humildad a tus planes. Ayúdame a ser diligente en todo lo que me des para hacer, y enséñame misericordia en mis interacciones con otras personas.

Dejo a un lado mis deseos de obtener poder y posición. Quiero usar mis recursos para el beneficio de otros, de modo que en el día de tu gloria haya más personas que experimenten tu bondad debido a como tú les has bendecido por medio de mí. Concédeme el seguir tus pisadas, oh Señor, y honrarte en todo lo que hago.

**¿Cómo amas a Dios con todo tu corazón, con toda tu alma, y con todas tus fuerzas?**

# TÚ ME RECIBES

Porque no tenemos un sumo sacerdote incapaz de
compadecerse de nuestras debilidades,
sino uno que ha sido tentado en todo
de la misma manera que nosotros, aunque sin pecado.
HEBREOS 4:15, NVI

Padre, tú me creaste a tu imagen. Enviaste a Jesús a la tierra
como hombre y lo usaste como ejemplo del tipo de carácter
y de vida que tú deseas. En sus formas más básicas, Jesús
experimentó lo mismo que yo, y sin embargo, Él mantuvo
su fe y perseveró en la dificultad. Tú sabes lo que necesito,
oh Señor, debido a tu sabiduría y compasión, y has provisto
para tu pueblo un gran sumo sacerdote que habla con
autoridad y compasión con respecto a mi experiencia y las
tentaciones de la vida.

No entiendo cómo Él pudo soportar tan bien, o cómo pudo
resistir la tentación tan completamente, pero sé que Él
tiene compasión de mí. Que tu precioso Espíritu Santo me
ayude, me moldee y me guíe por el camino hasta el día de
la recompensa, y que sea hallado digno de la salvación que
has prometido en ese día.

**¿Cómo crees que Jesús fue perfeccionado en los
sufrimientos que soportó?**

# SANO OTRA VEZ

El Señor oye a los suyos cuando claman a él por ayuda;
los rescata de todas sus dificultades.

SALMOS 34:17, NTV

Señor, tú cuidas de tus justos, y estás al lado de quienes ponen su esperanza y confianza en ti. Aunque sean atacados, tú los rescatarás y los pondrás a tu diestra. Pongo mi esperanza en tus grandes promesas y busco tu voluntad en la tierra. Permanece a mi lado y sé mi copiloto, y seré restaurado. Tú reparas lo que se ha roto. Tu corazón habita con quienes están desconsolados y quienes han sido víctimas del mundo.

Anhelo el día en que miraré tu rostro con gozo. Da alivio a los quebrantados y venda las heridas de quienes han sufrido. Restaura tu extraordinaria creación. ¡Aleluya!

**¿Cómo te ha ayudado el Señor a lidiar con el quebrantamiento en tu vida?**

# EMPATÍA

Alégrense con los que están alegres; lloren con los que lloran.
ROMANOS 12:15, NVI

Crea en mí un corazón de amor, Padre, y ayúdame a vivir en armonía con todos aquellos que llevan tu nombre. Tú has declarado tus planes de restaurar el mundo después de que se agote tu paciencia y permitir que lleguen muchos. Que mi corazón siga las pisadas de tu compasión y haga el bien incluso a quienes no te aman. Que ellos vean tu ofenda de paz en el modo en que yo me relaciono con ellos y muestro interés.

Sea bendecido tu pueblo en el modo en que yo lo sirvo conforme a tu corazón. Que pueda tener gozo cuando otros se alegran y comparta el llanto de los quebrantados. Hágase tu voluntad en toda la tierra y veamos a los malos restaurados en lugar de destruidos. Gracias por darme gratuitamente de tu gran Espíritu y moldear mi carácter.

**¿Cómo testificas de las buenas nuevas de Dios de restauración mediante tu empatía hacia otros?**

# COMO DEBERÍA SER

Y así como sabemos que Dios oye nuestras oraciones,
también sabemos que ya tenemos lo que le hemos pedido.
1 JUAN 5:15, DHH

Padre, tú eres bueno en tus caminos y sabio en cuanto a
los caminos del mundo y las cosas buenas que tú deseas
que se hagan. Pon en consonancia mi espíritu con el tuyo,
para que yo desee ver cumplidos tus planes, pues sé que
llevarás a cabo todo lo que te has propuesto hacer. Que sea
yo alguien que está en la brecha contigo, como hizo Moisés,
para rogarte que hagas las cosas que te has propuesto
hacer.

Tú escuchas las peticiones del justo, y ciertamente harás
que se cumplan porque están en consonancia con las
cosas que tú has deseado hacer. Cuán gozoso debes
estar cuando un hombre está a tu lado para ver cumplida
tu voluntad. Que mi corazón esté totalmente dirigido a tu
camino mientras te ruego que se haga tu voluntad en la
tierra.

**¿Cómo sabes que Dios escucha tus peticiones?**

# VIVIR EN TOTAL TRANSPARENCIA

Las personas con integridad caminan seguras,
pero las que toman caminos torcidos serán descubiertas.
PROVERBIOS 10:9, NTV

Padre, examina mis deseos y motivos más profundos, y purifícame. Cambia mi corazón y haz que te busque a ti, enderezando mi senda según tu sabiduría y tus buenos mandatos. Tú me conoces íntimamente, y no puedes ser engañado. Conoces mi corazón mejor que yo mismo. Revélame la verdad para que pueda cambiar y ser limpiado. Tú me has mostrado el camino para vivir en justicia; ahora ayúdame a seguirlo.

Produce fruto en mí conforme a tu Espíritu bueno. Que mis ojos se mantengan en tus justas promesas para que camine rectamente por la senda correcta. Cuando miro a los lados a las distracciones de lo que el mundo ofrece, es entonces cuando mi senda se tuerce. Tú sabes cuándo busco esas cosas porque conoces mi corazón. No me abandones, Señor, sino guíame de regreso a la senda de justicia.

**¿Cómo crees que un hombre puede torcer su camino?**

# GLORIFICADO

No pienso que yo mismo lo haya logrado ya.
Más bien, una cosa hago: olvidando lo que queda atrás
y esforzándome por alcanzar lo que está delante.
FILIPENSES 3:13, NVI

Guíame diligentemente hasta el día de tu regreso, Señor, y dame la fortaleza y la persistencia para apuntar hacia ello con todo mi ser. Me alejo de las cosas de mi pasado, de las cosas que el mundo ha corrompido y ofrece de modo destructivo, y miro a tu Espíritu para que me dé deseos rectos que solamente tú puedes satisfacer.

Espero tu promesa de exaltación y gloria para quienes enderezan su camino delante de ti, quienes persisten en hacer el bien, y cuyos deseos son conforme a los tuyos. Magnifica esta senda delante de mí y llévame por la sabiduría de tu enseñanza y la guía de tu Espíritu. Anhelo tu restauración prometida que has establecido como nuestra gran recompensa. ¡Sé glorificado, Rey santo!

**¿Cómo crees que transitar la senda de justicia en esta vida te prepara para la vida en la eternidad?**

# PADRE DE BONDAD

Canten salmos al SEÑOR, porque ha hecho maravillas;
que esto se dé a conocer en toda la tierra.
ISAÍAS 12:5, NVI

Tú eres digno de alabanza y gloria, mi Dios y mi Rey, porque tus obras son extraordinarias, y la maravilla de tus poderosos caminos no tiene comparación. Tú eres el autor de la vida, quien creó el mundo que vemos a nuestro alrededor. Tú lo has establecido en belleza, y tu sabiduría e imaginación se muestran plenamente.

Tú has establecido a la humanidad como tu gobernante y el portador de tu imagen en la tierra, y has creado un plan maravilloso para redimirnos de nuestros caminos corruptos. Has usado las obras de tus enemigos para moldear y formar a tu pueblo a la imagen que tú has deseado, y has frustrado sus intentos de derrocar tu gobierno. Eres majestuoso y magnífico, Dios todopoderoso, digno de toda gloria y alabanza.

**¿Por qué insisten las Escrituras en que el pueblo de Dios recuerde sus obras?**

# LA VIDA ES AJETREADA

El Señor le respondió:
—Marta, Marta, estás preocupada y molesta
por demasiadas cosas, pero sólo hay algo realmente importante.
María ha elegido lo mejor, y nadie se lo puede quitar.
LUCAS 10:41-42, PDT

Padre, las cosas de la vida llenan mis pensamientos cuando estoy despierto, pero quiero enfocarme en las promesas que tú has establecido. Ayúdame a minimizar la importancia de las cosas en esta vida que son tan fugaces, y dame una emoción renovada por lo que tú planeas hacer. Vigoriza mis momentos de devoción con tu presencia y tu Palabra.

Lléname de asombro por tu poder y fuerza, dándome pequeñas vislumbres de tus obras en esta vida para que no me desvíe del camino. Señor, vivo en esta época y estos días, pero necesito tu ayuda para priorizar correctamente las cosas que hay que realizar y reconectar con las cosas que tendrán valor por la eternidad.

**¿Cuáles son algunas cosas en tu vida que parecen particularmente urgentes día a día, pero que finalmente no serán tan importantes? ¿Cómo podrían ser recalibradas esas cosas en tu vida?**

# CONTIGO

Así que podemos decir confiadamente:
«El Señor es mi ayudador; no temeré
lo que me pueda hacer el hombre».
HEBREOS 13:6, RVR1995

Señor, lléname de amor por tu Palabra y devoción a tus promesas. Que pueda ser humilde delante de ti y buscar tu voluntad en lugar de la mía. Ayúdame a alejarme de la maldad y abrazar tu justicia, confiando en tus promesas buenas y maravillosas. Entonces, ¿qué tendré que temer? A pesar de lo que pueda sucederme, tú has prometido una eternidad contigo.

Aunque mi cuerpo soporte hambre, dolor, enfermedad o persecución, aun así permaneceré fuerte en la fe sabiendo que mi Redentor vive, y que viviré con Él para siempre. Tu fidelidad es mi sostén, y pondré mi esperanza en ti, el gran Rey de toda la tierra.

**¿Puedes pensar en algo que haces, o no haces, y que se deriva de una preocupación por cómo reaccionará a ti otra persona?**

# EN LA LUCHA

Los justos podrán tropezar siete veces, pero volverán a
levantarse. En cambio, basta una sola calamidad
para derribar al perverso.

PROVERBIOS 24:16, NTV

Padre, sustentame por tu Palabra magnífica. Tú conoces
mis debilidades y la aspereza de la senda de justicia. Mi
corazón está lleno de muchos deseos que parecen fáciles
de cumplir, y la esperanza de tus promesas parece a veces
muy lejana, de modo que flaqueo. Mi deseo es seguir tus
caminos. Ayúdame a levantarme y volverme a tu verdad.
Siempre será mi indicador para dirigirme porque mi corazón
desea seguirte.

Señor, sé misericordioso con quienes aún no te conocen, y
dales la oportunidad de responder a tus buenas noticias. Tú
no te alegras de la destrucción del malo, sino que deseas
ver que se arrepiente para que pueda ser salvo. Muchas
gracias por tus misericordias.

**¿Qué significa ser malvado? ¿Qué significa ser
piadoso? ¿Por qué el piadoso puede seguir adelante
incluso después de una caída?**

# SIN JUZGAR

No juzguen, y no se les juzgará. No condenen,
y no se les condenará. Perdonen, y se les perdonará.
Lucas 6:37, NVI

Te pido que me des la sabiduría para ver verdaderamente a la gente, Señor, y acercarme a ellos desde una postura de compasión, como tú hiciste, en lugar de hacer juicios rápidos sobre quiénes son y cuál será su final. Ayúdame a tener hacia ellos la gracia que tú me has dado, y a tratarlos con interés.

Las personas pecan contra ti, y solo contra ti; por lo tanto, que no los trate yo como mis propios enemigos sino que deje lugar a que tú determines su final. En cambio, quisiera llamar a las personas a alejarse de sus caminos cuando me relaciono con ellas, tal como tú hiciste. Dame tu cualidad de carácter y sé glorificado en el testimonio de mis acciones. Sé magnificado en la tierra, oh Señor, y sea exaltado tu nombre.

**¿Cómo te mantienes firme a favor de la justicia y no condenas a quienes no caminan en rectitud?**

# HONRADO

El que no provee para los suyos, y sobre todo
para los de su propia casa, ha negado la fe
y es peor que un incrédulo.
1 TIMOTEO 5:8, NVI

Mi Señor, concédeme el medio y los recursos para cuidar
de quienes tienen necesidad. Que pueda ser yo tu canal
para cuidar de ellos y protegerlos. Ayúdame a ser fiel y
testificarles a ellos y junto con ellos acerca de la fe en ti.

Te doy la honra por cómo los has preservado y los has
traído hasta este día, porque es una bendición tener
una vida larga en el mundo. Danos a todos la gracia que
necesitamos para seguir tu dirección, para cuidarnos unos a
otros, y para amarnos unos a otros mientras esperamos con
anhelo tu venida gloriosa a la tierra.

**¿Cómo puedes mostrar honra hoy a un ser querido?**

# ESFUERZO

Yo mismo iré contigo y te daré descanso.
ÉXODO 33:14, NVI

Señor mi Dios, estoy lleno de asombro por el modo en que has obrado en el mundo. Por generaciones, has estado orquestando la historia mundial para dirigir a todas las naciones a un día final de juicio. Sin embargo, en todo ello has exaltado a tu pueblo y has caminado con ellos en los fuegos y las pruebas de la vida, para cuidarlos y asegurar que son preservados hasta el día de la restauración.

Camina a mi lado y fortaléceme en las luchas de la vida. Dame el aliento y el apoyo que necesito para llegar a la línea de meta de esta carrera, y miraré con ilusión el descanso que tú darás. Que pueda permanecer fiel a ti y a tu justicia a lo largo del proceso, y me gozaré en tu recompensa.

**¿Qué descanso tiene Dios esperando a quienes se esfuerzan por Él?**

# COSAS MENORES

Permanezca en ustedes lo que han oído
desde el principio, y así ustedes permanecerán
también en el Hijo y en el Padre.

1 JUAN 2:24, NVI

Padre, ¡te alabo por tu extraordinaria misericordia! Me
has extendido tu mano, y me humilla que tú me hayas
considerado. Dame la fortaleza y la sabiduría para
permanecer en tu sabio consejo y recordar las cosas que
has establecido según tu plan divino. Que pueda continuar
aferrándome con fuerza a las grandes promesas que has
hecho.

Reconozco tu gran sabiduría al establecer un pueblo para
posesión tuya de entre las naciones, y tengo esperanza en
el día en que restaurarás todas las cosas. ¡Sé glorificado en
todas las cosas!

**¿Dónde puedes encontrar las cosas del "principio"?**

# MEJOR QUE GANAR

> No hagan nada por rivalidad ni orgullo.
> Sean humildes y cada uno considere a los demás
> como más importantes que sí mismo.
> FILIPENSES 2:3, PDT

Mi Señor, te miro a ti para satisfacer mi necesidad de justicia y rectitud. Sé que tú tienes mis espaldas, y debido a eso puedo amar a cualquiera que no me trate bien, y puedo actuar con humildad cuando soy confrontado con lo que creo que es una injusticia. Ayúdame a acudir a tu sabiduría y a tratar a los demás, en especial a quienes creo que me están tratando mal intencionadamente, con una actitud positiva.

Ayúdame a buscar las posibilidades positivas en sus acciones, mientras permito que tú trates sus corazones. A diferencia de mí, tú no juzgas solo por las apariencias, sino que en cambio haces juicios correctos. Ayúdame a seguir tus pasos y dejar a un lado mi propio orgullo para poder ver las cosas más claramente.

**¿Cómo puede ayudarte el Espíritu Santo a tratar a alguien más humildemente?**

# AUMENTA MI FE

Entonces los apóstoles le dijeron al Señor:
—¡Aumenta nuestra fe!
Lucas 17:5, NVI

Padre, ¿sabes cuán difícil es a veces poner mi confianza
en la verdad de tus promesas? Sé que tú eres Dios y que
gobiernas sobre toda la creación, y sin embargo, en esta
era has concedido a hombres malvados que gobiernen
sobre las naciones, que la muerte sea una regla de la vida, y
que la dificultad caracterice nuestra experiencia diaria. Estas
son las cosas con las que soy bombardeado muchas veces,
y se hace difícil recordar tus poderosas obras de antaño.

Recuérdame continuamente por tu Palabra y tus poderosas
obras que tú eres el Dios que producirá la restauración de
la tierra, la resurrección de mi cuerpo, y un gobierno de
justicia de las naciones. Ayúdame a creer más plenamente
y más poderosamente día a día. Gracias porque has
derramado tu maravilloso Espíritu Santo para aconsejarme
en estos tiempos de dificultad.

**¿Cuál crees que es el propósito de una fe mayor?**

# FAVOR INMERECIDO

El pecado ya no es más su amo, porque ustedes
ya no viven bajo las exigencias de la ley. En cambio,
viven en la libertad de la gracia de Dios.

ROMANOS 6:14, NTV

Dios, me sorprendes continuamente con el modo en que
me has llamado y me has dado la oportunidad de ser tu
hijo. Tú me llamaste a salir de mis caminos mundanos
para seguirte a ti y buscar tu reino. Me has liberado del
antagonismo del juicio de tu ley; te estoy profundamente
agradecido.

Tu bondad está por encima de mi imaginación, porque mis
ancestros y yo nos hemos opuesto a ti y a tus caminos.
Me gusta que tú no te has gozado en la destrucción de tus
enemigos sino que llamaste a todas las naciones a volverse
a ti. No seré avergonzado mientras siga confiando en ti.

**¿Cómo te ha bendecido el favor inmerecido de Dios?**

# TÚ PERMANECES

Ante ti, SEÑOR, están todos mis deseos;
no te son un secreto mis anhelos.

SALMOS 38:9, NVI

Estoy agradecido porque me has concedido el derecho a pedirte perdón, Señor. Tú estás dispuesto a oír mis ruegos pidiendo ayuda. Sabes que mi deseo es ser perdonado y no continuar en pecado delante de ti. Dame fortaleza según tu poderoso Espíritu Santo.

Oro para que tu restauración y la perseverancia se mantengan fuertes hasta el día de tu regreso prometido. No permitas que mi pie resbale, sino susténtame conforme a tu conocimiento de mi deseo de seguirte. Pongo mi esperanza en tu justicia y en tu Palabra fiel, y confío en tus grandes obras. Me pongo delante de ti y, por tu gran misericordia, me entrego a la sabiduría de tus mandatos.

**¿Cuáles son los anhelos profundos de tu corazón?**

# ALIGERA MI CARGA

No se olviden de hacer el bien y de compartir
con otros lo que tienen, porque esos
son los sacrificios que agradan a Dios.
HEBREOS 13:16, NVI

Dios, amo tu Palabra y tu fidelidad para preservarla y cumplirla. Sé que tienes un gran plan para mi vida. Muchas veces, mi corazón ha sido apartado de ti para buscar mi propia preservación, pero tus buenas noticias me aseguran que, incluso si tengo carencia y sufro en esta vida, tú me levantarás en la era venidera.

Confío en tu fidelidad, de modo que ayudaré a mi prójimo en su necesidad. Es mi oración, Señor, que me proveas generosamente, no para poder encontrar lujos sino para compartir con otros. Glorifica tu nombre, mi Señor, en tus buenas dádivas. Anhelo ver tu nombre exaltado en los labios de las naciones.

**¿Qué tiende a conducirte a que te aferres con demasiada fuerza a las cosas que tienes?**

# ACEPTACIÓN INCONDICIONAL

Sin embargo, los que el Padre me ha dado vendrán a mí,
y jamás los rechazaré.
JUAN 6:37, NTV

Que mis deseos se dirijan totalmente a ti, Señor mi Dios, y que tu nombre sea glorificado en mi vida. Prepárame para que sea hallado digno de asistir a tu gran celebración. Tu nombre es digno de ser exaltado, y me has extendido gratuitamente tu mano de comunión; concédeme la sabiduría para saber tratar ese regalo con el honor que merece.

Límpiame de mis transgresiones contra ti, y concédeme permiso para acercarme a tu trono glorioso con confianza en la justicia de tus caminos. Tú eres fiel en todos tus caminos, y no hallarás sin tacha a quienes tratan tu bondad a la ligera o con menosprecio. Tu bondad es aleccionadora y da qué pensar; que te produzca una gran recompensa. ¡Sé glorificado, gran Dios!

**¿Qué implica la venida de Jesús?**

# PROCURA LA ARMONÍA

Por lo tanto, procuremos que haya armonía en la iglesia
y tratemos de edificarnos unos a otros.
ROMANOS 14:19, NTV

Padre, tú sabes cuán diferentes somos, porque tú nos has
creado y has amado nuestra diversidad. Danos un corazón
unido para tus buenas noticias y la esperanza singular de tu
restauración, para que todos podamos trabajar unidos por
la misma meta. Ayúdanos a vivir en unidad y armonía unos
con otros en lugar de ir tras nuestras metas individuales y
nuestros planes personales.

Ayúdame a buscar alentar a mi hermana y hermano en
la esperanza buena y recta que tú has puesto delante
de nosotros conforme a tus buenas noticias. Ayúdame
a dejar a un lado la satisfacción temporal a favor de
fomentar la comunión basada en tus promesas. Ayúdanos
a permanecer unidos en torno a tus buenas noticias, y
guárdanos de dividirnos en varias facciones basándonos en
cosas que están fuera de tu voluntad.

**¿Cuál es la meta de la armonía en la congregación de
Dios?**

# JUNIO

Todo lo que ustedes
pidan en oración,
crean que ya lo han
conseguido, y lo
recibirán.

MARCOS 11:14; DHH

# CONFIABLE

Que nunca te abandonen el amor y la verdad:
llévalos siempre alrededor de tu cuello
y escríbelos en el libro de tu corazón.
PROVERBIOS 3:3, NVI

Rey glorioso, tú eres fiel en todos tus caminos. No das la espalda a tus promesas sino que las cumples en su momento apropiado. Tu sí significa sí, y tu no significa no. No tengo ningún motivo para dudar de la verdad de tu bondad. Desarrolla en mí la misma fiabilidad. Haz que sea una parte integral de mi carácter.

Quiero ser alguien de quien otros puedan depender porque he puesto alrededor de mi cuello tu amor y tu verdad. Ayúdame a mostrar tu bondad a quienes me rodean. Confío en ti para todo, Dios, y sé que no me decepcionarás.

**¿Qué significa fiabilidad en tus palabras y acciones con respecto a tu fe?**

# ME GOZARÉ

Este es el día que hizo el SEÑOR;
nos gozaremos y alegraremos en él.
SALMOS 118:24, NTV

Oh Señor, Rey de los cielos y la tierra, te exalto por el día que tú has preparado. Cada día nos recuerda que eres fiel. Tú has dicho que, mientras los días discurran en la historia, también permanecerás fiel a tus promesas. Cada día me recuerda tu bondad, y estoy muy agradecido por eso.

Estoy lleno de gozo y emoción cada día cuando espero ilusionado pasar la eternidad contigo. Gracias por los recordatorios diarios de tu misericordia y gracia que me ayudan a continuar esforzándome hacia la línea de meta. Te exalto, mi Rey, y alabo tu maravilloso nombre porque tú eres bueno en todos tus magníficos caminos.

**¿Qué hace que este día sea alegre para ti?**

# CON TODO

El hombre contestó:
—"Ama al Señor tu Dios con todo tu corazón,
con toda tu alma, con toda tu fuerza y con toda tu mente"
y "Ama a tu prójimo como a ti mismo".
Lucas 10:27, NTV

Con todo lo que hay en mí quiero estar consagrado a tus caminos, Dios, porque tú eres incomparable en tu poder, majestad y sabiduría. Muchas veces he seguido a hombres con sabiduría del mundo, en busca de riqueza o aventura, venganza o seguridad, y sin embargo ninguno de ellos pudo proporcionar satisfacción verdadera como tú puedes hacerlo.

Tú has demostrado que eres el Dios que merece toda alabanza y gloria. Ayúdame a dedicarme a honrarte en palabra y obra, a amar a los demás con sinceridad y verdad para que puedan alejarse de su antagonismo hacia ti y encontrar satisfacción. Decido dejar de satisfacer mis deseos impíos dedicándome a tus buenas dádivas. Tú eres el único que debiera tener toda mi devoción. Gracias por aceptarme en tu familia.

**¿Cómo te entregas plenamente a Dios?**

# CADA MOMENTO

Enséñanos a contar bien nuestros días,
para que nuestro corazón adquiera sabiduría.
SALMOS 90:12, NVI

Oh Señor, tú eres la fuente de vida. Tú vigilas mis pasos y guías mis sendas. Ayúdame a recordar la brevedad de la vida, y que los años que experimento no son sino un momento en el gran plan de las cosas. Entonces podría entender que vivir para mi plena satisfacción en este marco de tiempo no vale la pena el esfuerzo que hay que realizar.

Tú vives para siempre, y nos has prometido vida eterna cuando ponemos en ti nuestra fe y confianza. Lléname de sabiduría para recordar las promesas que has hecho. Mi trabajo es mucho más valioso cuando lo dedico a obtener satisfacción eterna, cuando los años de disfrute continuarán para siempre.

**¿Qué sabiduría llega al reconocer la duración de tu vida?**

# TODA GRACIA

Y, después de que ustedes hayan sufrido un poco de tiempo,
Dios mismo, el Dios de toda gracia que los llamó
a su gloria eterna en Cristo, los restaurará
y los hará fuertes, firmes y estables.
1 PEDRO 5:10, NVI

Fortaléceme, Padre, como fortaleciste a Jesús en el huerto antes de su muerte, para soportar el sufrimiento que llega a quienes deciden alinearse contigo en esta vida. Aliéntame a estar firme ante las pruebas y las dificultades. Sé que no sufriré para siempre.

Recuérdame tu bondad y tu favor, y ayúdame a ofrecer un testimonio verdadero de tus buenas nuevas para que otros sean atraídos a entregarte sus vidas. Puedo soportarlo todo por tu nombre, a causa de tu fidelidad y la maravilla de tus grandes promesas.

**¿Cómo ves la gracia de Dios en tu capacidad para soportar las dificultades?**

# AYUDA CON HUMILDAD

Si otro creyente está dominado por algún pecado, ustedes, que son espirituales, deberían ayudarlo a volver al camino recto con ternura y humildad. Y tengan mucho cuidado de no caer ustedes en la misma tentación.

GÁLATAS 6:1, NTV

Padre, ayúdame a ser un hermano amable para tu pueblo, y que sea yo quien aliente y ayude a restaurar a quienes han caído. Jesús era fuerte en sus palabras, pero guiaba con suavidad a quienes lo buscaban. Sé que tú no toleras el pecado, de modo que dame la sabiduría que necesito para saber cómo ser manso y humilde sin ser permisivo.

Ayúdame a ser misericordioso y no condenar excesivamente a quienes necesitan ser reprendidos. Sé que no soy el salvador de mi hermano, de modo que te ofrezco humildemente mis servicios para servir en rectitud a mis hermanos y hermanas. Gracias por tu gran misericordia conmigo.

**¿Has experimentado alguna vez un tiempo en que te sentiste condenado por pecado que había en tu vida en lugar de ayudado para vencerlo?**

# ANTES DE CONFESAR

Si confesamos nuestros pecados, Dios, que es fiel y justo,
nos los perdonará y nos limpiará de toda maldad.
1 JUAN 1:9, NTV

Mi Señor y Dios, te pido misericordia para mí en mi
debilidad. Me apropio de mis faltas delante de ti y no
intentaré zafarme de mi responsabilidad por mis acciones.
No he dado en el blanco que tú has establecido, y a veces
ni siquiera apuntaba a llegar a la meta apropiada. No
hay nadie a quien pueda culpar excepto a mí mismo, y te
confieso mi pecado, apropiándome humildemente de la
responsabilidad de mis acciones.

No soy una víctima de la circunstancia ni estoy sujeto a
la sugerencia de otra persona, pero tomé una decisión
y me apropio del mal que he causado. Perdóname, Juez
compasivo, por mis acciones delante de ti y cómo me he
rebelado contra tu gobierno justo. Acudo a ti y te doy otra
vez mi devoción. Límpiame conforme a tu misericordia, y
enséñame el camino que conduce a la vida eterna. No soy
digno de recibir ningún regalo de ti, pero te doy las gracias
por tu oferta de paz.

**¿Qué necesitas confesar al Señor hoy? ¿Sabes que Él
ofrece perdón y misericordia cuando lo pides?**

# SOMOS FAMILIA

Me arrodillo delante del Padre, de quien
recibe nombre toda familia en el cielo y en la tierra.
EFESIOS 3:14-15, NVI

Señor, te pertenezco a ti, y tienes autoridad sobre mí. Me someto a ti. Tu diestra de autoridad me hace ser parte de tu familia. Tú has aceptado la responsabilidad de proveer para mis necesidades y cuidar de mí en mis momentos de angustia y dificultad.

Te doy las gracias por haberme invitado con compasión a tu familia y aceptarme como un hijo amado. Aunque no te he dado ningún motivo para que me aceptes, tú has extendido tu mano de paz. Me humilla que me hayas aceptado y me trates como a un hijo, guiándome y disciplinándome para seguir tu senda de justicia. Soy de ti, Dios poderoso; a ti pertenece mi devoción.

**¿Qué efecto tiene ser parte de la familia de Dios en tu perspectiva?**

# MI DOLOR MÁS PROFUNDO

"Dichosos los que lloran, porque serán consolados".
MATEO 5:4, NVI

Tú ves lo profundo de mi corazón, Dios, y conoces mis heridas y temores más hondos. Has visto mis profundidades y conoces la fuente de mis acciones. Tú eres el Dios de sanidad, y vendas las heridas si acudo a ti y confieso mi necesidad. Tú eres bueno con el humilde; amas al contrito y restauras el corazón de los que lloran. Tú conoces el sufrimiento causado por la enfermedad y la muerte en el mundo, y tu plan es erradicarlos, pero permites por un tiempo que nos hagan arrodillarnos y encontrar nuestra esperanza en ti.

Venda mis heridas, y que fortalezcan mi corazón y mi compasión por los demás. Que no me endurezcan contra mi prójimo. Ayúdame a sentir el dolor, y que el mismo obre hacia la justicia. Mi instinto es huir del dolor intenso, pero confiaré en ti y me mantendré firme. Tú eres fiel para trabajar con el dolor hasta la venida de un reino donde todos recibiremos consuelo que no tiene comparación.

**¿Puedes identificar lugares donde el dolor te ha endurecido? ¿Cómo puede revertirse eso?**

# CADENA DE FAVORES

Porque habrá un juicio sin compasión para el que actúe sin compasión. ¡La compasión triunfa en el juicio!

SANTIAGO 2:13, NVI

Padre, me gozo por la misericordia que me has mostrado, porque tengo mucha causa para temer tu juicio. Gracias por ofrecerme paz en lugar de destrucción, y por darme confianza en tus promesas gloriosas. Tú estás obrando en mí para desarrollar una actitud piadosa y un corazón compasivo. Ayuda a mi corazón a que nunca olvide la bondad que me has mostrado, y así actuaré con compasión hacia otros que también necesitan tu misericordia. Sé que si pago duramente a otras personas cuando a mí me han ofrecido esa paz, no recibiré la promesa que tú revelarás.

Soy movido por tu compasión por mí; fortaléceme para actuar de igual manera. Que quienes merecen tu ira y tu juicio lleguen a conocer tu abundante misericordia y decidan aceptar tu ofrenda de paz. Entonces celebraré por la salvación de muchos hermanos. Ayúdame a que mi actitud compasiva refleje la tuya, y así tú serás exaltado grandemente.

**¿Te resulta difícil a veces ofrecer misericordia a algunas personas?**

# SEGURIDAD

"Sin embargo, les daré salud y los curaré;
los sanaré y haré que disfruten
de abundante paz y seguridad".
JEREMÍAS 33:6, NVI

Padre, tú has dado en abundancia las herramientas que necesito para soportar en esta vida, y es seguro que tus promesas restaurarán y bendecirán abundantemente en la resurrección. Obtendré refugio en la certeza de tus promesas para así poder enfrentar los problemas con valentía. La promesa de tu restauración es una fuente de fortaleza que me guía, y debido a ella puedo caminar confiadamente incluso en tiempos inciertos.

Ayúdame a confiar en tu poder soberano que el enemigo no puede frustrar. Aunque tus enemigos se enfurezcan contra ti y contra tu pueblo en esta vida, aunque causen destrucción y muerte, tengo confianza en que tú restaurarás lo que el enemigo ha destruido y sanarás las heridas infligidas. Magnifica tu gran nombre en toda la tierra.

**Si soportamos problemas en esta vida, ¿dónde se puede encontrar seguridad?**

# PARA TU GLORIA

"Busquen primeramente el reino de Dios y su justicia,
y todas estas cosas les serán añadidas".
MATEO 6:33, NVI

Señor, muchas son las preocupaciones y las circunstancias
afanosas de la vida en este mundo. Muchas veces
me encuentro preocupado por el empleo que tendré
o cómo pagaré la próxima factura, pero la meta que
verdaderamente importa es el establecimiento de tu reino.
Desde ese punto, todas mis necesidades serán cubiertas en
abundancia, y no me faltará ningún bien.

Ya nadie estará ansioso por el mañana o lo que pueda
traer, sino que tu apoyo nos sostendrá en paz y seguridad.
Tu diestra nos sustentará, y nos fortalecerás para
realizar las tareas que pongas delante de nosotros, y no
tendremos necesidad de temer que nuestra vida estará en
peligro por falta de provisión. Ayúdame a fijar diariamente
mi meta con claridad en la vida venidera y a poner toda mi
esperanza en ti.

**¿Ha habido veces en las que te preguntaste por qué el
Señor parecía muy lento para proveer?**

# RAZÓN PARA EL ÉXITO

Porque el SEÑOR es tu seguridad.
Él cuidará que tu pie no caiga en una trampa.
PROVERBIOS 3:26, NTV

Te pido que me llenes de sabiduría y entendimiento de tu diseño, oh Señor, y que el poder de tu Espíritu me lleve seguramente hasta el día de tu bendita renovación. Tu reino está lleno de deleite y gozo, prevalece la provisión, y la abundancia de belleza no tiene comparación. Tú has soñado con la gloria de tu creación por siglos, y pronto producirás un fruto glorioso.

Que tu sabiduría me dé la capacidad de obtener todo lo que has prometido y me llene de seguridad en tus obras. Pongo mi confianza en ti a medida que me fortaleces para tener éxito en alcanzar la meta de mi fe. Recibe honra por tus obras de misericordia en mi vida, amado Dios.

**¿Por qué es el Señor tu seguridad?**

# MI PARACAÍDAS

Pero cuando tenga miedo,
en ti pondré mi confianza.

SALMOS 56:3, NTV

Conforme al poder y el deseo de tu Espíritu Santo, renueva la base de mi confianza en ti, Dios. Mi vida es corta, y la muerte nos llega a todos en esta vida; sin embargo, tú restaurarás lo que ha sido quitado y devolverás la vida al justo. Cuando comience a dirigirme de nuevo hacia el temor del mundo y el temor a sufrir o a perder mi vida, que tu Espíritu me aliente con el conocimiento de tu gloria venidera. Entonces, me prepararé para resistir la prueba delante de ti, en tu nombre, y dar mi vida como testimonio de tu amor y tu misericordia.

Confiaré en ti porque eres digno de confianza, pues tú has cumplido tus promesas en el pasado y seguirás extendiendo tu mano de paz a judíos y gentiles igualmente, tal como has declarado que harías. Dame la valentía para enfrentar el mundo en mi temor y vencerlo como tú hiciste.

**¿Qué te da la capacidad de enfrentar las dificultades de la vida?**

# CRECIMIENTO

Crezcan en la gracia y en el conocimiento
de nuestro Señor y Salvador Jesucristo.
¡A él sea la gloria ahora y para siempre! Amén.
2 PEDRO 3:18, NVI

Oh Señor, te pido que me edifiques en tu carácter, moldeándome conforme a tu imagen. Transforma mis deseos para que se parezcan más a los tuyos, día tras día, y conforma mis pensamientos para que se enfoquen en el día de tu regreso. Renueva la esperanza en mí mediante el conocimiento y la comprensión que obtenga en la enseñanza de tu Palabra.

Enséñame las sendas que has establecido para mí. Ayúdame a proclamar tu nombre en la tierra y a difundir el conocimiento de tus buenas nuevas a quienes me rodean, para que puedan exaltarte con alegría. Me abruma tu magnificencia, y te glorifico por tu sabiduría perfecta.

**¿Qué sobresale para ti de modo más destacado acerca de Jesús?**

# PENSAMIENTOS CAUTIVOS

Piensen en todo lo verdadero, en todo lo que es digno de respeto, en todo lo recto, en todo lo puro, en todo lo agradable, en todo lo que tiene buena fama.

FILIPENSES 4:8, DHH

Dios, aduéñate de mi mente y revélame tu magnificencia. Este pasaje habla de las cosas en las que deseo enfocarme. Aumenta mi entendimiento y apreciación de ellas, para que las cosas temerosas de esta vida palidezcan en comparación. Que incluso las alegrías egoístas de esta vida pierdan su lustre. Anhelo gozarme en ti, y contigo, por las obras que harás en mi vida y en las vidas de otros.

Restáurame cada día el gozo de esas cosas. Conforme a tu voluntad y en el poder de tu Espíritu, lleva mi atención cada día a las obras que tú estás destacando, las que quieres que vean las personas y así puedan ser alentadas a esperar en ti. En mis momentos de angustia, que mis pensamientos se dirijan a ti, y me alegraré.

**¿Cómo puedes cambiar el tipo de cosas en las que deseas fijar tu mente?**

# ESCOGE TU CAMINO

Como ciudad sin defensa y sin murallas
es quien no sabe dominarse.
PROVERBIOS 25:28, NVI

Me asombra saber que el dominio propio está considerado un fruto del Espíritu Santo. Parece irónico que un efecto de la obra del Espíritu en mi vida sea el dominio propio; sin embargo, tú estás moldeando mi carácter y formándome a tu imagen, Jesús, la imagen que tú tenías originalmente en mente cuando creaste a la humanidad. Edifica en mí la capacidad de controlar mis impulsos, de actuar según mi propia voluntad y no como reacción a lo que pueda suceder.

Enséñame a apropiarme de mi propio carácter, mis deseos e impulsos, en lugar de tratarme a mí mismo como una víctima de esas cosas. Entonces, podré usarlas en servicio a tus planes y tu voluntad, para tu gloria y exaltación. Tú no has buscado establecer a la humanidad en la tierra para que seamos victimizados por nuestros caprichos o paralizados por el temor a lo que podemos hacer, sino que deseas hombres que muestren control sobre sí mismos y puedan glorificarte a ti en su trabajo. ¡Sé glorificado, Señor!

**¿Por qué la falta de domino propio es una característica tan devastadora?**

# BUEN JUICIO

El buen juicio hace al hombre paciente;
su gloria es pasar por alto la ofensa.
PROVERBIOS 19:11, NVI

Padre, te pido a ti, que eres el dador de todo lo bueno, que me llenes de tu sabiduría para actuar rectamente hacia otras personas. Ayúdame a entender verdaderamente y profundamente la certeza de tu restauración prometida y de las cosas que tú harás, de modo que pueda tomar decisiones correctas en mi vida diaria.

Sé que tú traerás justicia contigo en el día de rendir cuentas, así que no necesito preocuparme por ser tratado mal sin remedio. Ayúdame a pasar por alto las acciones de quienes me utilizan a fin de poder mostrarles la grandeza de tu misericordia mediante compartir con ellos la razón de mi tolerancia.

**¿Cuáles son algunas de las razones por las que debieras pasar por alto las formas en que otros pueden tratarte mal? ¿Por qué eso se considera bueno?**

# CONTENTAMIENTO

Cada uno debería seguir viviendo en la situación
que el Señor lo haya puesto, y permanecer tal como estaba
cuando Dios lo llamó por primera vez.
1 CORINTIOS 7:17, NTV

Padre, pongo mi esperanza en tus promesas y no en
las cosas que puedo ver y conseguir en esta vida. Estoy
contento con lo que tú has prometido, y dejo a un lado
el deseo de mejorar mi posición por mí mismo. Te daré
mis esperanzas y deseos, y confiaré en que tú proveerás
para mis necesidades y serás bueno conmigo. Dejaré mi
situación en tus manos y permitiré que tú cambies mis
circunstancias conforme a tu voluntad, y no con mis propias
fuerzas o ambición.

Me someto a ti como mi Rey y líder, porque tu sabiduría
es excepcional y me guiará hasta el día en que pueda
recibir el premio de la salvación que tienes preparada. Te
exalto, Dios, y doy un paso atrás para que tú puedas ser
glorificado. Que tu voluntad y tus mandamientos se cumplan
en la tierra.

**¿Por qué eres llamado a contentarte con tu situación
en la vida?**

# LA MEJOR GUÍA

Sigan mi ejemplo, así como yo sigo el ejemplo de Cristo.
1 CORINTIOS 11:1, PDT

Padre misericordioso, te doy muchas gracias por los ejemplos de vida consagrada que tú has puesto en el mundo. Mientras que me has dado tu Palabra y no me has dejado sin enseñanza, también has puesto personas a mi alrededor para mostrarme cómo es tu carácter. Ayúdame a seguir su ejemplo y convertirme en un ejemplo para otros y que así todos podamos ser como Jesús en amor, compasión, fortaleza, justicia y obediencia.

Te doy gracias porque, por tu misericordia, has levantado hombres conforme a tu corazón entre las naciones que pueden guiar a otros a la verdad de tus buenas noticias. Magnifica tu nombre en ellos para que ellos puedan glorificarte a ti.

**¿A qué se refiere Pablo cuando dice: "Lo que sufro por ustedes, porque de esta manera voy completando, en mi propio cuerpo, lo que falta de los sufrimientos de Cristo" (Colosenses 1:24, DHH)?**

# NADA QUE CONDENAR

Ahora, pues, ninguna condenación hay para
los que están en Cristo Jesús.
ROMANOS 8:1, RVR1995

Acércame más a ti, Dios, y hazme más semejante a Jesús.
Gracias por abrir un camino para que sea perdonado por
los pecados que he cometido contra ti, y por mostrarme el
ejemplo en el carácter de Jesús del tipo de hombre al que
tú valoras y recompensas. Acepto de nuevo la oferta de paz
que me has hecho basándome en la muerte sacrificial de
Jesús, y busco honrar su sacrificio viviendo como Él vivió.

Tú testificaste de que Jesús era el tipo de hombre que
valoras, el tipo de hombre al que exaltas y recompensas,
resucitándolo de la muerte por crucifixión. Tú has decretado
que Él se siente en el trono, y recompensarás a quienes
miran su ejemplo y lo siguen con vida eterna en su reino de
justicia. Concédeme perdón, Señor, conforme a tu Palabra y
tu voluntad, y me regocijaré en ti.

**¿Por qué no tienes que temer a la condenación?**

# NUNCA DEMASIADO GRANDE

Jesús les dijo: —Por vuestra poca fe. De cierto os digo
que si tenéis fe como un grano de mostaza, diréis a este monte:
"Pásate de aquí allá", y se pasará; y nada os será imposible.
MATEO 17:20, NTV

¿Cuál es tu deseo, Señor? ¿Qué quieres hacer? Enséñame
tus caminos y la senda que has establecido. Muéstrame el
fin antes de que llegue, y confiaré en que tú cumplirás tu
meta. Entonces, permaneceré en el poder de tu Espíritu
y llevaré a cabo la tarea que has puesto delante de mí.
Alcanzaré con éxito la meta que has establecido, porque he
creído en ti.

Tú deseas establecer a tu pueblo en justicia y bendecir a
las naciones de la tierra por medio de ellos. Renovarás la
tierra por causa de quienes son portadores de tu imagen.
Confío en tu amorosa fidelidad a tus decretos prometidos, y
tendré éxito en llegar al final de esta senda porque creo en
ti. A pesar de qué obstáculos enfrente, no podrán frustrarme
para obtener el premio.

**¿Cómo está hoy tu nivel de fe?**

# SIN EGOÍSMO

Cada uno debe velar no solo por sus propios intereses,
sino también por los intereses de los demás.
FILIPENSES 2:4, NVI

Señor, amo tu corazón de compasión por los demás. Tú
extiendes una mano de amistad incluso a tus enemigos
con la esperanza de que se vuelvan a ti y te entreguen
su lealtad. Aunque ellos pervierten sus caminos y buscan
corromper la tierra, abusando y usando mal las cosas
buenas que has creado, tú buscas su salvación y deseas
darles cosas buenas. Que mi corazón esté lleno igualmente
de esa tendencia compasiva a buscar los intereses de los
demás, a pesar de la actitud que tengan hacia mí.

Padre, como portador de tu imagen, deseo justicia, y la
injusticia me enfurece. Anhelo ver que tu gobierno justo
se convierta en la norma en la tierra; aun así, enséñame a
soportar con paciencia las pruebas y tribulaciones por causa
de los malvados, por un tiempo, hasta que llegue el tiempo
de tu justicia. Conforme a tu Espíritu Santo, estoy dispuesto
a esperar para ver mi beneficio hasta que más personas se
vuelvan a ti.

**¿Cuál es para ti la parte más difícil de vivir sin
egoísmo?**

# QUE ESTÉS ORGULLOSO

Esfuérzate por presentarte a Dios aprobado,
como obrero que no tiene de qué avergonzarse
y que interpreta rectamente la palabra de verdad.
2 TIMOTEO 2:15, NVI

Padre, tú me has dado un regalo que nunca podría devolverte en la promesa de salvación y vida eterna. Aunque he sido tu enemigo, aun así tú me has ofrecido paz. Ahora te pido que edifiques en mí un carácter y un espíritu dignos de recibir el regalo que tú ofreces, para que no te deje en vergüenza.

Lléname con tu Espíritu de sabiduría y entendimiento, y dame fortaleza en tu Espíritu para perseverar en el proceso de entrenamiento y no abandonar en la mitad. Quiero verte glorificado, y que estemos preparados para recibirte cuando regreses. Prepárame para recibir la esperanza de mi fe, y que mi presencia sea agradable a ti en ese día.

**¿Cómo puedes presentarte a Dios como alguien aprobado por Él?**

# SÉ FUERTE Y VALIENTE

Mi mandato es: "¡Sé fuerte y valiente!
No tengas miedo ni te desanimes, porque el SEÑOR tu Dios
está contigo dondequiera que vayas".

JOSUÉ 1:9, NTV

Padre, sé los planes que tienes para mí; conozco las promesas que has hecho de llevar bendición a toda la tierra; sé que tú has determinado restaurar todas las cosas y establecer otra vez bondad y justicia. Tú irás delante de mí y me librarás de quienes desean verme destruido, y me levantarás y establecerás en tu justicia.

Confío en que tú cumples tu Palabra. Señor, dame fuerza y valentía para resistir en los momentos en que parece que tú estás muy lejos de mí. Ayúdame a recordar tus promesas y tu fidelidad. Aún cuando las cosas parezcan oscuras y difíciles, la luz de tu Palabra brillará para darme esperanza. Te glorifico por tu grandeza y tu amor y fidelidad.

**¿Alguna vez te ha resultado difícil ser alentado al pensar que Dios está contigo durante los tiempos complicados? ¿Por qué a veces parece tan difícil aferrarte a la promesa de la presencia de Dios?**

# PERDÓNAME

Mira todos mis sufrimientos
y perdona todos mis pecados.
SALMOS 25:18, PDT

Precioso Señor, ten misericordia de mí y dame paz.
Ayúdame en mis aflicciones y dame descanso de mis
dificultades. Confío en ti para obtener liberación, y te pido
perdón por mi desobediencia a tus mandamientos. Señor,
acudo a ti y te entrego mi corazón. Por favor, acepta mi
devoción ahora a pesar de que he vivido en oposición a ti.

Pongo mi esperanza en tu liberación y salvación, confiando
en tus grandes promesas y decidiendo estar satisfecho
con las cosas buenas que tú ofreces a quienes se humillan
delante de ti. Aunque merezco tu juicio y retribución, te
pido que me recuerdes cuando regreses para establecer
justicia en la tierra y me levantes junto con tu pueblo. Exalto
tu nombre y deseo tu gobierno de justicia. Gracias por
considerar mi petición.

**¿Necesitas pedir perdón hoy?**

# UN CORAZÓN NUEVO

De aquel que cree en mí, como dice la Escritura,
brotarán ríos de agua viva.
JUAN 7:38, NVI

Padre, acudo a ti y busco tu bondad. Estoy agradecido por tu gran misericordia y la manera en que has provisto un camino de salvación. Tú restaurarás la tierra con tu fuerza y gloria y establecerás justicia, exaltando al justo y dando vida eterna a todo aquel que pone en ti su esperanza y confianza.

En tu gran sabiduría, enséñame a actuar con compasión y misericordia hacia todos. Lléname de la sabiduría y el entendimiento que darán como resultado mayor fe, para que mis actitudes y acciones reflejen tu bondad. Es mi oración que muchos puedan ver y oír el mensaje de vida al fluir de ti hacia mí, y que inspire a muchos a volverse a ti. Por tu gracia, seré una bendición para otros y te serviré bien. Que mi corazón esté entregado a amarte a ti y amar a los demás, para que todos sean bendecidos en tu nombre.

**¿Qué diferencia a los creyentes de los no creyentes que parecen interesarse por los demás?**

# POR TU GRACIA

Si perdonas a los que pecan contra ti, tu Padre celestial
te perdonará a ti; pero si te niegas a perdonar a los demás,
tu Padre no perdonará tus pecados.

MATEO 6:14-15, NTV

Señor mi Dios, tú has sido incomparablemente misericordioso conmigo en tu perdón y la oferta de paz que me hiciste. Me has dado la oportunidad de unirme con tu pueblo, y no presentarás mi maldad contra mí. Aunque mis acciones a menudo han conducido a hacer daño a otros, aun así me has otorgado perdón porque he creído en ti. Gracias por tu gran compasión.

¿Cómo puedo yo presentar algo contra mi prójimo? ¿Qué ofensa podría haber experimentado que me haga digno de guardar rencor? Te entregaré a ti mi causa, Dios, y mostraré compasión a mi prójimo tal como tú me has enseñado. Pongo mi confianza en ti y ofrezco paz a mi enemigo y a cualquiera que pudiera utilizarme. Tú has hecho grandes cosas por mí, y deseo hacer todo lo que pueda para compartir con otros ese testimonio. Espero que mi ofrenda de alabanza sea agradable a ti.

**¿Cuáles son algunas ofensas contra ti mismo, o contra otros, por las que te has sentido justificado en no perdonar?**

# CUÁNTO

Cada cabello de su cabeza está contado.
MATEO 10:30, NTV

¿Cuánto te has interesado por mí, Dios, y has buscado hacerme bien? Difícilmente puedo considerar las profundidades de las acciones que has realizado para ofrecerme redención, aunque ciertamente no he sido digno de merecerla. Tú has sido fiel a tus promesas de que todo aquel que una vez te rechazó pudiera conocer tu oferta de paz y tu promesa de gloriosa restauración.

Aunque me he opuesto a tu gobierno, tú me sustentaste y has provisto para mis necesidades. Has puesto en mí un mundo de gran belleza que produce alimentos, agua y aire para mis necesidades diarias. Has cuidado de mí y me has protegido en muchas ocasiones cuando estuve en peligro, incluso cuando yo no lo sabía. Los caminos que has considerado apropiados para mí son muchos, y te daré mi devoción. Confío en ti a pesar de los retos que enfrento, y espero enfrentarlos en tu nombre. Sé glorificado, mi Señor.

**¿Cuáles son algunas maneras específicas en que Dios te ha mostrado cuánto te cuida?**

# TODA AUTORIDAD

Se me ha dado toda autoridad en el cielo y en la tierra.
MATEO 28:18, NVI

Mi Señor, tú eres un Rey bueno y justo, y tu gobierno es mejor que el de todos los reyes de las naciones. Anhelo el día en que sea establecida tu autoridad. Confío en tu fidelidad para establecer lo que te has propuesto hacer. Estoy muy emocionado por ver tu gobierno justo avanzar en todo el mundo y ver a los líderes de mi propia nación someterse a tus justos decretos.

¡Qué bueno y agradable será cuando tú restaures toda la tierra mediante tus actos de justicia! Confío en que, incluso ahora, lo que ocurre en la tierra obrará para el bien de todos aquellos que claman a ti en fe. Cuán maravilloso es saber que tú estás obrando en todas las cosas conforme a tu plan de redención para la tierra.

**¿Qué autoridad tienes tú en el nombre de Jesús?**

# JULIO

Escuchará las oraciones
de los desposeídos;
no rechazará sus ruegos.

SALMOS 102:17, NTV

# BORRAR LA CRÍTICA

Eviten toda conversación obscena. Por el contrario,
que sus palabras contribuyan a la necesaria edificación
y sean de bendición para quienes escuchan.
EFESIOS 4:29, NVI

Padre, ayúdame a animar a otros y a no ser una persona que los derriba o los desanima. No quiero ser de ese tipo de personas que hacen que otros se sientan ineptos. Ayúdame a ser amable con mis palabras, con compasión, incluso si a veces tengo que ser firme. Permite que mis palabras no derriben sino que edifiquen. Que otros creyentes se alejen de mí llenos de determinación mientras prosiguen en su caminar de fe.

Señor, no quiero ser ese tipo de persona que minimiza a otros para sentirme mejor conmigo mismo. Mantén mis ojos fijos en tus promesas futuras para que entrene mi lengua para hablar bien a la gente. Que tú seas glorificado con mis palabras no solo en adoración, sino también en mis conversaciones diarias por la bondad de mi forma de hablar. Gracias por darme tu Espíritu Santo para guiarme y dirigir mi corazón y mis palabras.

**¿Cómo puedes hacer que tus palabras sean más sanas a la vez que mantienes la capacidad para divertirte con tus amigos?**

# TUS RAZONES

El hombre cree que todo camino es recto,
pero el Señor pondera los corazones.
PROVERBIOS 21:2, RVC

Oh Dios, tú no juzgas a las personas según el modo en que parecen ser, sino que sabes lo que verdaderamente les motiva. Tu juzgas correctamente y ves lo que hay en el corazón de las acciones de la gente. Moldéame según tu Espíritu. Conforma mi corazón y sus deseos según el carácter de tu Hijo, cuyo carácter aprobaste porque le recompensaste con la resurrección de los muertos. Este mismo regalo darás a todo el que muestre los mismos deseos y acciones que Jesús.

Te pido que me des el deseo de ser como Jesús en su vida y en su ejemplo sacrificial. Conoce mi corazón y mis caminos, y que sean aceptables a ti. Tú no recompensas al orgulloso, pero estás dispuesto a exaltar al humilde y a los que te sirven de verdad. Magnifícate en mí y úsame como un ejemplo para el mundo del tipo de hombre a quien tú recompensas.

**¿Por qué es importante que tu corazón sea recto delante de Dios cuando tus acciones parecen beneficiosas?**

# MIENTRAS ESPERO

Pero ellos anhelaban una patria mejor, es decir, la patria celestial.
Por eso Dios no se avergüenza de llamarse su Dios;
al contrario, les ha preparado una ciudad.
HEBREOS 11:16, RVC

Oh Señor mi Dios, anhelo el día de tu gloriosa aparición
cuando traigas contigo la salvación que has prometido:
restauración, resurrección y renovación. Espero con
anticipación una ciudad hermosa y gloriosa de la cual
surgen bendición y provisión para todas las naciones de la
tierra.

¡Oh, qué día será cuando finalmente pongas fin a la
maldad y la reemplaces por la justicia! Qué magnífica
fiesta tendremos en tu honor mientras llevas a cabo el
cumplimiento de tus promesas. Espero con anticipación
ese día, y te animo a que lo traigas con tu gran sabiduría y
misericordia. Fortaléceme y aliéntame mientras tanto para
ser fiel a ti mientras espero. No te avergüences de mí, sino
recuérdame como tu hijo.

**¿Qué anticipas de Dios en la vida venidera?**

# SOY LIBRE

Y conocerán la verdad, y la verdad los hará libres.
JUAN 8:32, NTV

Padre, los gobernantes de las naciones están confusos y se han corrompido en su pensamiento. Muchos preguntan, como preguntó Pilato a Jesús: "¿Qué es la verdad?". La verdad es relativamente simple, pero a la vez más complicada de lo que muchos pueden entender: los caminos del mundo que estamos tan acostumbrados a ver no son la forma natural en que las cosas se suceden. Tú juzgarás al mundo según tu justicia; establecerás tu trono, y la justicia fluirá para sanar a las naciones. Tú restaurarás a los muertos y librarás a los enfermos; harás que el desierto brote en abundancia y que discurran ríos en lugares secos, y nadie sufrirá carencia alguna.

Tu justa voluntad y tu gloriosa bendición fluirán hacia todos los que han perseverado esperando pacientemente tu día; ellos gustarán el buen fruto de tu reino. Llévalo a cabo pronto, Señor, y concédeme una porción contigo según tu misericordia.

**¿De qué has sido liberado en Jesús?**

# SIMPLICIDAD

Pero tengo miedo de que les pase lo mismo que a Eva,
que fue engañada por la astuta serpiente.
También ustedes pueden ser engañados y dejar de pensar
con sinceridad y pureza acerca de Cristo.

2 CORINTIOS 11:3, TLA

Oh Señor, muchas interpretaciones y filosofías pueden colarse
en el mensaje puro que deseas que el mundo conozca y
preste atención, pero te pido que me ayudes a tenerlo claro
y que mi mente esté firme plenamente en las buenas noticias
que te pertenecen solo a ti. Refuerza en mí la confianza
que tengo en las promesas que has hecho, y ayúdame a no
equivocarme o usarlas mal para obtener una falsa comodidad.

Tú me has prometido vida eterna, salud inquebrantable
y bienestar en la era venidera, pero en esta vida
experimentaré problemas. Tú me has prometido comida y
bebida abundante incluso en los lugares más desolados
en la era venidera, pero en esta vida tengo que aprender
a contentarme cuando tengo hambre y cuando tengo
abundancia, porque podría sufrir ambas cosas. Permite
que mi corazón no tenga miedo a las cosas que enfrentaré
en esta vida, porque entonces podría pervertir tus buenas
noticias y querer establecer justicia según mi propio
entendimiento. Guárdame en tu sabio consejo, Dios.

**¿Cómo te ha ayudado Dios a corregir las falsas
interpretaciones en tu vida?**

# UNA TEMPORADA

Hay una temporada para todo,
un tiempo para cada actividad bajo el cielo.
ECLESIASTÉS 3:1, NTV

Señor, te pido que me llenes con el contentamiento que necesito para ser flexible en cualquier situación que enfrente. Tú has dicho que mis circunstancias puede que sean muy fluidas, a veces disfrutando de paz y relativa prosperidad, y a veces teniendo hambre y pobreza. Dame lo que necesito para que no me apegue a las cosas buenas que disfruto, sabiendo que las bendiciones de la vida venidera son mucho mejores.

En esta vida las temporadas cambian, y a veces hay gobernantes malvados que suceden a otros buenos, y malas circunstancias que siguen a otras buenas. Necesito la ayuda de tu Espíritu Santo para saber cuándo permanecer y cuándo buscar refugio, cuándo hablar y cuándo guardar mi paz. Tu orquestas las circunstancias del mundo para que produzcan los efectos que deseas. Ayúdame a actuar de manera apropiada en cada temporada, porque tú iniciarás la temporada de la restauración plena.

**¿Cómo te ayuda saber que cada etapa en la vida es temporal?**

# NO SOY VENCIDO

Pues todo hijo de Dios vence a este mundo de maldad,
y logramos esa victoria por medio de nuestra fe.

1 JUAN 5:4, NTV

Padre, te pido que aumentes mi fe. Creo que tú eres el Dios de toda la creación que creó los cielos y la tierra y los llenó de vida. Creo que creaste a la humanidad a tu imagen. Creo que un día renovarás la creación y revertirás la maldición bajo la cual la pusiste, y pondrás fin al gobierno malvado. Sin embargo, los deseos de mi corazón siguen tendiendo a divagar. Fortalece mi fe y auméntala para que mi corazón ponga su esperanza en ti con más fuerza, y mis ojos estén más enfocados en el premio futuro que en la gratificación presente.

Me dedicaré cada vez más a entrenar mi corazón para que anhele las cosas que tú deseas en lugar de estar satisfecho con este mundo. Tú me darás la victoria porque creo en tu Palabra y busco purificarme según tus deseos. Gracias por tu salvación prometida. Gracias por mostrarme el camino que puedo tomar para alcanzar la victoria. Sé glorificado en mí.

**¿Cómo puede Dios glorificarse en tus victorias?**

# ATADO
# VOLUNTARIAMENTE

El perfume y el incienso alegran el corazón;
la dulzura de la amistad fortalece el ánimo.
PROVERBIOS 27:9, NVI

Aumenta tu cuerpo, Padre, y extiende tu influencia en la tierra. Haz crecer la convivencia entre tu pueblo y ayúdanos a encontrar amor abundante y cuidado los unos por los otros. Ayúdanos a estar unidos al perseguir la misma meta. Que adoremos la hermandad y la cercanía que vienen de beber de la sabiduría y la instrucción de tu Espíritu. El gozo y el contentamiento que vienen de compartir este caminar juntos es incomparable.

Como un equipo deportivo entrenando juntos y esforzándose por la misma meta, desarrolla en nosotros camaradería y amor sacrificial. Estoy contento de llamar a tu pueblo "hermanos y hermanas", y espero un gran aumento de esta familia antes del día de gloria. Acércame más a tu familia y aumenta mi amor y compasión, ayudándome a apoyar y aceptar el apoyo. Gracias por tu grande y magnífica provisión de compañía.

**¿Cuál crees que es tu mayor obstáculo para tener una convivencia más profunda?**

# TODO LO QUE PIDA

Si algo piden en mi nombre, yo lo haré.
JUAN 14:14, RVC

Tus caminos son rectos, Dios, y tus planes no tienen igual en su bondad. Tú los has establecido desde el inicio de la creación y los restaurarás plenamente. Tú deseas bendecir a las naciones y establecer una humanidad santa y justa en la era venidera. Sé que harás estas cosas, y he dispuesto mi corazón para recibir dichas bendiciones. Me he alejado de la autopreservación y la autoexaltación, y en su lugar quiero que tú seas glorificado.

Estoy satisfecho con meramente ser aceptado en tu reino. Te pido que se haga tu voluntad en la tierra así como en el cielo. Me someteré a ti y dejaré que seas tú quien determine el rumbo de mi camino, y te seguiré hasta los confines del espacio y el tiempo. Estoy consagrado a ti, Padre bueno, así que cumple lo que te pido. Confío en que cumplirás todo lo que te pida en el nombre de tu ungido Mesías, Jesús, ya que me he comprometido a alinear mis propios deseos con los tuyos. Sé favorable a mis peticiones, y que den gloria a tu nombre y produzcan rectitud en mi corazón.

**¿Pedir algo en el nombre de Jesús significa meramente invocar su nombre en la oración?**

# MUCHA NECESIDAD

Hasta los leones jóvenes y fuertes a veces pasan hambre,
pero a los que confían en el SEÑOR no les faltará ningún bien.
SALMOS 34:10, NTV

Padre celestial, tú has establecido tu creación para proporcionar alimento y las necesidades de la vida a las criaturas que has puesto en ella. Sin embargo, debido a la rebelión de la humanidad contra ti, pusiste una maldición sobre la tierra que a veces resulta en hambruna y falta de provisión. Estas circunstancias permiten que los humanos tengan la oportunidad de aprender humildad y buscar tu redención. Te pido que me sostengas y cuides de mí mientras pongo mi confianza en ti. Sé que eres fiel para mantener a los que confían en ti en humildad.

Soy insuficiente para cuidar de mí mismo por mi propia cuenta. Tú eres quien no solo provee el aire que respiro, sino también el material del que estoy hecho. Tú me establecerás por amor a tu nombre según tus promesas gloriosas. Tú proveerás abundantemente más de lo que pueda pedir o imaginar. Señor, te necesito. Sigo siendo débil por mí mismo, y toda mi fuerza no basta para salvarme. Tú eres mi fuerza y mi escudo. Dependo de ti.

**¿Cómo dependes de Dios para sostenerte?**

# DISTINTOS DONES

Hay distintas clases de dones espirituales, pero el mismo Espíritu es la fuente de todos ellos. Hay distintas formas de servir, pero todos servimos al mismo Señor.
Dios trabaja de maneras diferentes, pero es el mismo Dios quien hace la obra en todos nosotros. A cada uno de nosotros se nos da un don espiritual para que nos ayudemos mutuamente.

1 CORINTIOS 12:4-7, NTV

Oh Señor mi Dios, qué regalo tan maravilloso nos has dado para la edificación de tu Iglesia: tu Espíritu Santo. El Espíritu imparte tus deseos y me enseña lo que motiva tu obra. Él anima y fortalece, sostiene y enseña, empodera y dirige a la gente para que confíe en ti con respecto a cada una de sus necesidades. Cada uno de tus hijos tiene un don que usar. Ayúdame a usar mi don para ti, y guárdame de caer en la trampa de usarlo para una ganancia egoísta o para promover un falso entendimiento de tus buenas noticias.

Tú nos has llamado a poner nuestra mirada en ti y a no buscar nuestra comodidad en esta vida. En vez de eso, que tu Espíritu nos enseñe a dejar a un lado el deseo de conseguir cosas mundanas y a esperar en las cosas que se revelarán desde los cielos en el regreso de Jesús. Tus dones son buenos, y producen buen fruto en mi vida; sostenme de acuerdo a tu fiel amor mediante el poder de esos hermosos dones.

**¿Cuáles son tus dones espirituales? ¿Cómo los usas para honrar al Señor?**

# HIJO AMADO

Toda tú eres hermosa, amada mía,
bella en todo sentido.
CANTAR DE LOS CANTARES 4:7, NTV

Señor mío, prepárame diligentemente para recibir la recompensa de mi fe y limpiarme según tu justo amor. Tú eres fiel para cumplir tus promesas, y entre ellas está la promesa de reemplazar en mí el corazón de piedra que he desarrollado por un corazón blando que esté sometido a tus buenas enseñanzas y refleje tu misericordia compasiva.

Tú me has mostrado el camino de la fe y la justicia. Ayúdame a estar preparado, despierto, y totalmente alerta a las señales de los tiempos, enseñando a otros y ayudándoles a prepararse también. Me encanta tu enseñanza, Padre, así que te pido que me limpie de las injusticias que tan fácilmente me pueden enredar. Oro para que seas glorificado mediante la obra que harás en mí y a través de mí.

**¿Cómo te prepara Dios para que estés listo para recibirlo en su venida?**

# TRISTEZA

Pongan todas sus preocupaciones y ansiedades en las manos de Dios,
porque él cuida de ustedes.
1 PEDRO 5:7, NTV

Gracias por estar al pendiente de mí y sostenerme en
la vida, Dios. Tú me ves, y eso me conmueve. ¿Quién
soy yo para que me consideres, y mucho menos para
que te preocupes de mi vida y del camino por el que
voy? Sin embargo, aquí estoy delante de ti. Busco tu
consuelo porque la vida es problemática, y el peso de la
preocupación y la ansiedad es pesado sobre mi mente y mi
corazón.

Te confieso que no poseo la fuerza necesaria o el
conocimiento para resolver mis problemas y reconciliar mis
circunstancias, así que dejo mis preocupaciones delante
de ti. Dame tu sabiduría para que pueda hacer frente a la
vida con confianza en ti. Me encanta oír tus palabras de
consuelo y ánimo porque me ayudan a sentir que soy parte
de algo mayor que yo mismo. Tú me das un propósito que
vale la pena y una meta que alcanzar. Gracias por aceptar
mi ofrenda y no pasarme por alto en mi debilidad.

**¿Tienes confianza para acercarte a Dios con tus
debilidades y las ansiedades que pueden llevarte a
flaquear?**

# UN FUTURO HERMOSO

"Ningún ojo ha visto, ningún oído ha escuchado,
ninguna mente ha imaginado
lo que Dios tiene preparado
para quienes lo aman".

1 Corintios 2:9, NTV

No puedo imaginar los planes que tienes preparados para tus hijos, Dios, y se emociona mi corazón al pensar en la profundidad de la bendición que derramarás. Tu bondad es incomparable, y mi experiencia está muy marcada por el sufrimiento y el dolor. ¿Cómo puedo llegar a concebir el futuro que tienes preparado para los justos que esperan tu reino venidero?

Tu corazón benevolente es hermoso en su disposición hacia mí. Me conmueve que me invites a formar parte de este regalo, porque nada de lo que he hecho hace que me lo merezca, pero mi corazón se emociona al pensar en tu gloria. Me he dedicado a ti y he escogido amarte. Espero que encuentres gozo en mi sacrificio para ti.

**¿Alguna vez te resulta difícil esperar el futuro porque nunca has experimentado nada que se compare a ello?**

# UNA VOZ

El rey librará a los pobres cuando ellos le pidan ayuda;
salvará a los afligidos que no tienen quién los ayude.
Tendrá compasión de los pobres
y salvará a los necesitados y a los desvalidos.
SALMOS 72:12-13, TLA

Lléname de compasión por otras personas, Señor, y abre mis ojos para ver más allá de mi propio círculo. Tú cuidas con diligencia de los oprimidos y de los necesitados, y proveerás para sus necesidades. Necesito que me recuerdes que los humildes de espíritu son los que recibirán buenas dádivas de ti, pero los orgullosos y arrogantes serán avergonzados.

Ayúdame a declarar tu bondad a los que han sido maltratados por la vida, y dame los recursos para cuidar de sus necesidades. Que sus corazones clamen a ti pidiendo sustento en lugar de poner su confianza en cualquier otra provisión. Que tu nombre sea glorificado porque tú, el más grande de todos los reyes, has aceptado la causa de los que el mundo considera menos dignos. Ayúdame a ser tu embajador para los que necesitan ser animados. Que tu Palabra dé fruto en el corazón de los que no tienen ningún otro lugar donde ir, porque tú ciertamente eres fiel en cumplir tus promesas.

**¿Qué ventaja tienen los pobres y necesitados sobre otros en lo que al reino de Dios se refiere?**

# OBEDIENCIA

Seguiré obedeciendo tus enseñanzas
por siempre y para siempre.
SALMOS 119:44, NTV

Padre, tú conoces mi herencia, que vengo de personas idólatras que se han rebelado contra ti, el único gran Dios y creador de todas las cosas. Aun así, te has acercado a mí y me has invitado a unirme a tu familia. Busco honrar tu gran misericordia y me dedico a tu causa, a ver tus buenas nuevas llegar a todas las naciones y a llamar a tu pueblo a que regrese a ti.

A través de ti, animaré a los oprimidos con el mensaje de tu justicia, y advertiré a los arrogantes con el mensaje de tu paciencia limitada. Fortaleceré a los quebrantados con el mensaje de tu restauración, y consolaré a los hambrientos con el mensaje de provisión ininterrumpida. Confío en tu buena Palabra y tus fieles promesas, así que me dedicaré a obedecer tu voluntad y tu sabiduría para siempre.

**¿Cuál es la importancia de obedecer a Dios?**

# MI FORTALEZA

¡Así que sé fuerte y valiente! No tengas miedo
ni sientas pánico frente a ellos,
porque el Señor tu Dios, él mismo irá delante de ti.
No te fallará ni te abandonará.

DEUTERONOMIO 31:6, NTV

Tú eres la fuente de mi fortaleza, Dios. Tú me sostienes y tu fidelidad me alienta. Sé que eres el Rey y gobiernas sobre toda la creación, y tú vindicarás a tu pueblo a su debido tiempo. Puedo mantenerme fuerte contra el enemigo que quiere verme destruido porque sé que tú restaurarás lo que el enemigo quiere destruir.

Que las naciones vean tu poder soberano y se humillen ante ti. Que la salvación venga como fluye tu bendición. Me mantendré fuerte en el conocimiento de tu justa fidelidad y tu gran compasión.

**¿Qué nos lleva a temer a otras personas, y cómo la fe en Dios minimiza ese temor?**

# EL SEÑOR TE BENDIGA

"El Señor te bendiga y te guarde;
el Señor te mire con agrado y te extienda su amor;
el Señor te muestre su favor y te conceda la paz".
NÚMEROS 6:24-26, NVI

Oh Señor mi Dios, anhelo tu presencia y estar cerca del lugar de tu morada. Acércame a ti para que pueda vivir bajo la sombra de tus alas y sea fortalecido por el agua que fluye de tu trono. Restáurame el gozo que tenía cuando conocí por primera vez tus promesas de salvación, y cumple rápidamente esas promesas.

Brilla sobre mí, Padre; bendíceme como solo tú puedes hacerlo con abundancia de vida, gracia y paz, y llena toda la tierra de estas cosas. Establece a tu pueblo y haz de ellos que sean el gozo de todas las naciones. Agrádate con el sacrificio de alabanza, y ven rápidamente a tu bendita tierra.

**¿Qué es algo en lo que necesitas encontrar paz porque actualmente te está causando conflicto?**

# TODO MI DESEO

Piensen en las cosas del cielo, no en las de la tierra.
COLOSENSES 3:2, NTV

Señor, te pido sabiduría de tu Espíritu así como fuerza de enfoque para recordar las bendiciones que has prometido a los que te esperan pacientemente. Me alineo contigo y busco tu gloria ante los ojos de otros. Tú eres mi gran Rey, y me complace servirte.

Ayúdame a servirte en verdad y no según mis propias interpretaciones o agendas personales. Que mi enfoque esté puesto solo en ti y que mi trabajo sea señalar a otros hacia ti. No quiero que me absorba alguna satisfacción prematura que realmente solo satisface mi propio deseo de recibir recompensas en esta vida. Levanta mis ojos para mirar hacia delante a las cosas venideras.

**¿En qué piensas cuando lees "cosas del cielo"?**

# UN CORAZÓN DADIVOSO

Y he sido un ejemplo constante de cómo pueden ayudar con
trabajo y esfuerzo a los que están en necesidad.
Deben recordar las palabras del Señor Jesús:
"Hay más bendición en dar que en recibir".
HECHOS 20:35, NTV

Oh Señor, te pido que me ayudes a estar enfocado
exteriormente en tus buenas noticias. Lléname del deseo
de dedicarme a enseñar a otros en tus buenas noticias
y no solamente intentar llenarme yo mismo. Permite que
mis acciones también sigan el mensaje de tus promesas,
para que no acapare lo que tú me has dado, sino que lo
comparta libremente con cualquiera que desee recibirlo.

Conozco las promesas que tienes preparadas para los
que persisten en las buenas obras, así que ayúdame a dar
abundantemente a otros para su beneficio y a fortalecer
a los que son débiles y les cuesta seguir el camino que
lleva al cumplimiento de tus promesas. Tú has dado y darás
abundantemente de tu gran riqueza; dame la voluntad para
hacer lo mismo. ¡Gracias, mi Padre glorioso!

**Se puede encontrar el deseo de ser generoso entre
todos los distintos grupos de personas, pero ¿qué
distingue la generosidad cristiana de las demás?**

# ERES TÚ

Sin embargo, cuando el Padre envíe al Abogado Defensor como
mi representante—es decir, al Espíritu Santo—,
él les enseñará todo y les recordará cada cosa que les he dicho.
JUAN 14:26, NTV

Padre, lléname de entendimiento y sabiduría para que no
me olvide de la verdad de tus buenas noticias. Ayúdame a
recordar la naturaleza de tus buenas noticias y el enfoque
que crea el mensaje. Mediante la obra de tu Espíritu, dame
la fuerza diaria para soportar las dificultades y pruebas que,
de lo contrario, desviarían mi atención de ti.

Tú me has dado tus Escrituras llenas de la advertencia de
recordar tus obras del pasado para vigorizar mi fe para tus
acciones del futuro. Tus promesas son la recompensa de la
diligencia, y el combustible de esa diligencia es recordar tu
fidelidad en el pasado. Enséñame tus caminos, oh Señor, ¡y
endereza mis sendas!

**¿Con qué frecuencia ha usado Dios tu recuerdo de la
actividad pasada para alentarte?**

# EL MISMO MURO

En tres ocasiones distintas, le supliqué al Señor que me la quitara.
2 CORINTIOS 12:8, NTV

Padre, tú eres un Dios poderoso y majestuoso, y un Padre bueno. Me conmueve que incluso me concedas el privilegio de ser llamado por tu nombre. Susténtame en mis pruebas y dame la fortaleza necesaria para soportarlas con gracia y paciencia. Ayúdame a someterme al entrenamiento que me proporciona cada dificultad que tengo en mi vida. Tu Espíritu y tu amor son suficientes para mí. Puedo proseguir con tu ánimo como respaldo.

Como un padre orgulloso, tú me alientas a perseverar y a esforzarme con las dificultades que enfrento. Descansaré en el conocimiento de la confianza que tienes en tu disciplina y en el carácter digno que estás forjando en mí. Que tu gloria se amplifique en medio de estas pruebas a medida que el testimonio de tus buenas noticias avergüenza a las potestades y principados que han querido destronarte. Todo lo puedo por causa de tu exaltación.

**¿Tiendes a considerar los problemas como oportunidades que aprovechar o como obstáculos que evitar?**

# VUELVE A RENDIRTE

Oh, hijo mío, dame tu corazón;
que tus ojos se deleiten en seguir mis caminos.
PROVERBIOS 23:26, NTV

Mi Señor y Rey, vengo delante de ti y te prometo nuevamente mi devoción a ti y a tu trono. Muéstrame los deseos de tu corazón y haz que tu Espíritu Santo me limpie. Enséñame los caminos de justicia y los defenderé. Dame la voz para declarar la maravilla de tus grandes obras.

En el poder de tu Espíritu Santo y según tu justa enseñanza, haz que sea un verdadero ejemplo para otros de la naturaleza de tu carácter, y que mis acciones estén sazonadas con la misericordia y la compasión que tienes incluso por tus enemigos. Me situaré bajo tu cuidado, Dios, e iré donde tú me mandes. Tan solo ten misericordia de mí e instrúyeme pacientemente.

**¿Cuál es el resultado de la verdadera rendición a Dios?**

# COMPASIVAMENTE

Cuando Jesús salió de la barca y vio a tanta gente,
tuvo compasión de ellos, porque parecían ovejas sin pastor,
y comenzó entonces a enseñarles muchas cosas.
MARCOS 6:34, RVC

Señor, tú eres abundantemente compasivo y misericordioso en tus formas de interactuar con la gente. Gracias por tu bondad al cuidar de mí y ofrecerme un lugar en tu familia. Tú viste que mi camino llevaría a la destrucción y, en tu compasión, te acercaste a mí y me ofreciste vida.

Guárdame a salvo en el refugio de tu sabiduría, y enséñame entendimiento como un escudo contra los ataques de los poderes terrenales y las tentaciones de la vida. Muéstrame cómo es el camino de justicia y fortaléceme para soportarlo y no desviarme del camino prematuramente. Como un Padre bueno, guía mis pasos y dame la enseñanza oportuna en tus caminos, que tiene como resultado tu mayor gloria.

**¿Cómo incorporamos la compasión en un mensaje que incluya represión?**

# EL RECURSO DE LA ESPERANZA

Por eso, anímense los unos a los otros, y ayúdense a fortalecer su vida cristiana, como ya lo están haciendo.

1 TESALONICENSES 5:11, TLA

Padre, deseo ser un animador para otros, alguien que inculque el valor para continuar por este camino de fe. Ayúdame a ser un apoyo para las cargas de otras personas para que sean más capaces de mantenerse firmes en su fe. Lléname de la sabiduría y la compasión del Espíritu Santo para ser un rayo de esperanza para las personas que me rodean, para ser alguien a quien otros quieran acercarse e interactuar.

A veces me distraigo demasiado con mis propios pensamientos, sentimientos y cargas, y me cierro a los demás. Suéltame y ayúdame a mantenerme abierto para la gente, tanto para compartir quien soy como para recibir su interacción. Padre, que tu luz brille a través de mí para que seas grandemente glorificado en el día de tu regreso.

**¿Cómo podemos infundir esperanza a otros?**

# AMOR GRATUITO

Dios los salvó por su gracia cuando creyeron.
Ustedes no tienen ningún mérito en eso; es un regalo de Dios.
La salvación no es un premio por las cosas buenas
que hayamos hecho, así que ninguno de nosotros
puede jactarse de ser salvo.

EFESIOS 2:8-9, NTV

Dios Todopoderoso, qué magnífico es el hecho de tu salvación; qué hermosa es tu oferta de buenas noticias para mi mente. Tú has sido misericordioso en tus caminos hacia mí, un hombre que no ha hecho nada para merecer tu ofrecimiento de amistad. Tú me has asombrado con tu bondad, porque me has ofrecido algo que yo no ofrecería a mis enemigos de no ser por tu ejemplo.

Tú, y solo tú, debes ser alabado por la bondad que sigues mostrando a los habitantes de la tierra, no solo en tu persistente oferta de amistad sino también en tu forma de proveer para tus enemigos. Tú traerás contigo tu salvación en la tierra, restaurando todas las cosas mediante el poder de tu Palabra, y solo tú serás glorificado en ese día.

**¿Cuál es la motivación de Dios para ofrecer salvación al mundo?**

# EJERCÍTATE EN LA ESPERANZA

Alégrense por la esperanza segura que tenemos.
Tengan paciencia en las dificultades y sigan orando.
ROMANOS 12:12, NTV

Señor, tú me has dado esperanza mucho más allá de mi capacidad para comprenderla. Me emociono al ver la obra de tus manos, y a duras penas puedo contener mi anticipación. Confío en que tú llevarás a cabo tu buena voluntad y me fortalecerás para soportar muchas cosas con gozo por la gran maravilla de lo que traerás.

Pongo mis ojos en ti y en tus buenas promesas, y aparto mi atención de las cosas de esta vida, buscándote a ti y tu justicia y pidiendo tu apoyo continuo. Necesito que tu Espíritu me fortalezca porque soy débil. Tú eres mi torre fuerte y sé que no me dejarás avergonzado o solo. Estoy alegre de ser llamado según tu nombre, mi Rey; glorifícate en mí.

**¿Qué te ayuda a fortalecerte para soportar las dificultades cuando llegan, en lugar de alejarte de Dios como hacen algunos?**

# COMPARADO CON LA GLORIA

De hecho, considero que en nada se comparan los sufrimientos actuales con la gloria que habrá de revelarse en nosotros.
ROMANOS 8:18, NVI

¿Cuán hermosas son las promesas que has hecho a los que ponen su confianza en ti, Rey y Dios poderoso? Tienes que ser exaltado y magnificado porque tu poder soberano es grande, y ciertamente llevarás a cabo las cosas que has prometido hacer. Me consuela en esta vida la idea de que, por medio de estas pruebas, tú producirás en mí un carácter justo similar al de Jesús, y transformarás mi ambición egoísta en autosacrificio deliberado.

Establéceme como un hombre al que te alegra dar un lugar en tu reino, pero más que eso, que mi corazón sea fortalecido para saber que las dificultades de esta vida no durarán para siempre. Tu voluntad es restaurar y sanar, y tú lograrás esas cosas. Tú harás un mundo donde habiten la justica y la bondad, y el sufrimiento ya no existirá. ¡Aleluya!

**¿Cómo encuentras gozo en los tiempos difíciles de la vida?**

# ALÉJATE

A ustedes no les ha sobrevenido ninguna tentación que no sea humana; pero Dios es fiel y no permitirá que ustedes sean sometidos a una prueba más allá de lo que puedan resistir, sino que junto con la prueba les dará la salida, para que puedan sobrellevarla.

1 Corintios 10:13, RVC

Ábreme la puerta, mi Dios, y muéstrame el camino que me has provisto para escapar de las tentaciones de la vida. Estoy agradecido porque has provisto un mediador que está a tu diestra intercediendo delante de ti por mí; alguien que sabe lo que es vivir como un hombre en este mundo y que ha llevado las cargas de la vida. Escucha sus intercesiones a favor mío y no me retengas tu ayuda. Estoy muy agradecido por estar tan atento a mi situación y por haber provisto una vía de escape.

Enséñame tu sabiduría a través de la obra de tu Espíritu Santo, y muéstrame tus caminos que producen justicia en mí. Que mi corazón sea transformado y mis deseos conformados a tu imagen. Haz que tus promesas sean reales en mi entendimiento para que me fortalezcan contra las flechas de la tentación que el enemigo me dispara, y las venceré con tu sabiduría y tu fuerza.

**¿Cómo venció Jesús las tentaciones que enfrentó y que son comunes a todos los hombres?**

# CONSTANTE

Este cambio de planes molestó mucho a Jonás
y se enfureció.
JONÁS 4:1, NTV

Mi Señor, aumenta mi entendimiento para que esté seguro
en el conocimiento de tu voluntad. Desde una perspectiva
mundana, mucho de lo que tú haces parece contradictorio
y difícil de entender, pero tus caminos son justos y buenos.
Tú eres constante en tu carácter y permaneces fiel e
inalterable a tu Espíritu. Tú amas la justicia y la rectitud y
aborreces la maldad, pero a la vez deseas bendecir y no
maldecir a tu creación.

Sin la sabiduría de tu instrucción, seré vulnerable a la
ofensa a costa tuya. Si no soy enseñado conforme a todo tu
consejo, entonces no sabré lo que deseas hacer. Muestra
tu justicia en gloria. Al final, glorificaré la incomparable
profundidad de la sabiduría de tus caminos, y cómo hiciste
que toda la historia produjera un número masivo de
personas que regresen a ti. El deseo de tu corazón es ver
a las personas alejarse de la maldad. Que tus esfuerzos
resulten abundantemente exitosos.

**¿Alguna vez te ha agarrado desprevenido lo que
parecía ser un cambio en los planes de Dios para ti?**

# MI RESISTENCIA

Por lo tanto, ya que estamos rodeados por una enorme multitud de testigos de la vida de fe, quitémonos todo peso que nos impida correr, especialmente el pecado que tan fácilmente nos hace tropezar. Y corramos con perseverancia la carrera que Dios nos ha puesto por delante.

HEBREOS 12:1, NTV

Fortaléceme para correr esta carrera de fe, Dios, porque los obstáculos que hay delante de mí son muchos. Veo las vidas de otros que han ido delante de mí y cómo buscaron tus buenas promesas y vivieron sus vidas de tal forma que pudieran heredar la vida eterna contigo, y quiero unirme a ellos. Pero soy débil en muchos aspectos, y permanecer firme en el camino es difícil cuando el mundo ofrece sus pequeñas seducciones.

Conforma mi voluntad a la tuya, Señor, para que tenga la fuerza para decir no a las distracciones momentáneas que tan fácilmente podrían desviarme y apartarme del camino que conduce a la vida. Ayúdame a enfocarme de todo corazón en ser el hombre que tú me has llamado a ser. Por la gracia de tu Espíritu Santo, correré esta carrera de fe con la intención de ganarla y recibir la corona de vencedor el día de tu gloriosa venida.

**¿Cuáles son algunos pesos en tu vida que te dificultan a la hora de correr esta carrera de fe?**

# AGOSTO

Oh Dios, a ti dirijo mi
oración porque sé que
me responderás;
inclínate y escucha
cuando oro.

SALMOS 17:6, NTV

# GUÍAME

"Padre, si quieres, te pido que quites esta copa de sufrimiento de mí. Sin embargo, quiero que se haga tu voluntad, no la mía".
LUCAS 22:42, NTV

Mi Señor, consagro mis caminos y mis recursos a ti. Guía mis pasos. Envíame donde tú quieras. Confío en tu buena sabiduría, porque sabes hacia dónde se dirige la historia. Sé que tus promesas son ciertas y que te estás preparando para restaurar todas las cosas y recompensar a los que se han mantenido fieles a ti. Guíame donde tú quieras, y yo iré.

Dame la fortaleza para soportar las dificultades y pruebas que prometiste que vendrían en esta vida, y con esa fuerza iré donde tú me lleves. Puedo soportar mucho con tu fortaleza y el recordatorio de que la recompensa es mucho mayor que la dificultad. Padre, es mi temor a la muerte lo que me hace flaquear en esta vida cuando enfrento la dificultad, así que ayúdame a recordar que la muerte no es el fin, porque tú harás que vuelva a vivir.

**¿Puedes ver a Dios obrando en tus dificultades actuales?**

# SUFRIMIENTO

Oh Señor, si me sanas, seré verdaderamente sano;
si me salvas, seré verdaderamente salvo.
¡Mis alabanzas son solo para ti!
JEREMÍAS 17:14, NTV

Oh Señor, necesito tu gracia. Necesito que hagas un milagro en mí. Susténtame por tus poderosas obras, porque no soy capaz de resistir en mis propias fuerzas. Necesito tu apoyo para ayudarme a permanecer y a proseguir; no me dejes caer y ser avergonzado. Con tu fortaleza y el ánimo de tu Espíritu Santo puedo soportar muchas cosas, pero soy débil por mí mismo.

Quiero que se haga tu voluntad en mi vida para que otros vean mi testimonio, de cómo soporto el sufrimiento por la recompensa futura y también decidan entregarte su corazón. Pongo mi confianza en la salvación que has prometido y me someto voluntariamente a tus órdenes. No me niegues la provisión que necesito para poder soportar. Que seas glorificado en esto, Dios, y me someteré humildemente a tu plan.

**¿Qué significa hacer del Señor tu alabanza?**

# CON PACIENCIA

Pero si deseamos algo que todavía no tenemos,
debemos esperar con paciencia y confianza.
ROMANOS 8:25, NTV

Padre, he puesto mi confianza en ti. Creo en tus promesas.
Sé que tú eres fiel y que eres lo suficientemente fuerte para
terminar el proceso que has comenzado. Tú empezaste tu
obra desde el jardín del Edén cuando prometiste restaurar
la tierra. En esto he puesto mi esperanza.

Cuando veo la forma en que has orquestado la historia, el
modo en que has establecido a tu pueblo escogido, cómo
los libraste de Egipto después de 400 años, cómo trajiste
a tu Hijo y diste el camino de redención para tu pueblo
mediante su muerte y resurrección, sé que cumplirás tus
promesas. Espero pacientemente a que termines tu obra.
Dame la gracia para resistir esta espera con justicia. Sé
glorificado, oh Dios, porque tú eres el gran Rey.

**¿Es posible esperar con paciencia aquello en lo que
tienes puestas tus esperanzas si no crees que el
proveedor está planeando dártelo?**

# SUFICIENTEMENTE SABIO

Dichoso el que resiste la tentación porque,
al salir aprobado, recibirá la corona de la vida
que Dios ha prometido a quienes lo aman.
SANTIAGO 1:12, NVI

Dios mío, según tu sabiduría, escojo seguir adelante en las pruebas, dejando a un lado mis propios intentos de autopreservación para recibir de ti la recompensa de la vida eterna. Te pido que me des tu gracia para vencer las tentaciones de este mundo que me apartaría del camino recto. No siempre es fácil convencer a mi cuerpo de que soporte las dificultades, pero caminar por fe en tus promesas hace que la tarea sea más fácil.

Sé que tú eres fiel, tanto en tu poder como en tu deseo de realizar tu voluntad, así que te pido que sigas recordándome la verdad de tu poder y tu deseo. Que tu Espíritu Santo me sostenga con sabiduría, valentía, señales y recuerdos, y palabras proféticas que reinicien correctamente mis deseos cuando comience a flaquear. Gracias por tus preciosos regalos que me sostienen en este camino. Tú me provees de todo lo que necesito para continuar. Que cumplas tus planes rápidamente, Señor. ¡Que la tierra pronto sea llena de tu gloria!

**¿Qué es sabiduría para ti?**

# ESTOS SUEÑOS

Deléitate en el SEÑOR,
y él te concederá los deseos de tu corazón.
SALMOS 37:4, NTV

Tú eres bueno, Señor, y tu misericordia y provisión son incomparables. Deseo ver tu voluntad establecida en la tierra, para que toda la gente experimente las cosas buenas que tienes preparadas para lo que has creado. Cuando pienso en mis propios planes para mi bienestar y en cumplir mis sueños, palidecen comparados con los deseos que tienes en tu corazón para derramar sobre tu creación.

Me alejo de mis propias ambiciones y abrazo tus sueños, sueños que tú tienes el poder de cumplir, porque son mucho más de lo que yo podría pedir o imaginar. Incluso si llegara a conseguir todo lo que quiero, ¿cómo se podría comparar eso con el beneficio de lo que tú tienes preparado para mí? Tú sabes mejor que yo lo que me dejará satisfecho, así que me deleito en ti y confío en que tú cumplirás tus planes majestuosos.

**¿Cumple Dios todos los deseos cuando decides poner tu esperanza en Él?**

# COMO YO AMO

A los que están dispuestos a escuchar, les digo: ¡amen a sus enemigos! Hagan bien a quienes los odian. Bendigan a quienes los maldicen. Oren por aquellos que los lastiman.
Lucas 6:27-28, NTV

Señor, tú no te deleitas en la destrucción de los malvados, sino que deseas que se vuelvan a ti y te alegras cuando lo hacen. La misericordia te inspira, y te encanta colmarnos de buenas dádivas. Que yo también sea motivado por lo que te motiva a ti; que mi espíritu se alinee con el tuyo. Dame compasión por los perdidos que a menudo buscan hacerme daño, y no saben hacer nada mejor que buscar su propio bien incluso si eso conlleva que otros puedan sufrir.

Ayúdame a compartir las buenas noticias con los que desean perjudicarme. Que la seguridad de tu abundante provisión me dé una tendencia natural a dar incluso a quienes me arrebatarían algo por la fuerza; que mi testimonio les declare mi ferviente seguridad de que tú recompensarás a todos de manera justa por las obras que hagan, ya sean buenas o malas. Que mi vida refleje la tuya en el trato hacia los demás.

**¿Hay personas en tu vida a las que tengas que bendecir incluso aunque ellos te maldigan?**

# SIN RAZÓN

Porque no nos ha dado Dios un espíritu de cobardía,
sino de poder, de amor y de dominio propio.
2 TIMOTEO 1:7, RVC

Gracias por compartir conmigo tu Espíritu, Señor. La
instrucción del Espíritu me fortalece y me da entendimiento,
mostrándome el camino de justicia en un mundo que odia
tu justicia. Tu Espíritu Santo me recuerda tu fidelidad y las
promesas que cumplirás cuando regreses. Tú me incitas a
persistir en medio de los ataques que intentan impedir que
termine mi recorrido por esta senda.

Espíritu Santo, fortaléceme y empodérame, dándome
las herramientas que necesito para resistir el temor
y ser valiente ante la adversidad. Puedo confiar en ti,
Padre, y pongo mi esperanza en ti. Sigue ayudándome
a mantenerme consagrado a ti y a la renovación de mis
pensamientos, sueños y deseos. Que tu reino venga pronto,
Señor, y que se haga tu voluntad en la tierra.

**¿Qué cosas te acobardan?**

# AYÚDAME

El Señor mismo peleará por ustedes. Solo quédense tranquilos.
ÉXODO 14:14, NTV

Padre, necesito que me ayudes a confiar en ti. Tú me has creado a tu imagen y, como tal, deseo ver que se haga justicia. Es difícil para mí no demandar justicia para mí mismo. No quiero que otros se aprovechen de mí o abusen de mí de alguna manera, pero tú me has llamado a seguir tu ejemplo y a mostrar control. Tú has dicho que no debo buscar la venganza sino dejarte a ti la justicia.

Fortalece mi fe para saber que, si me controlo ahora, tú me vindicarás el día del juicio. Recuérdame tus poderosas obras para que confíe en la fidelidad de tu juicio. Dame la fortaleza y el dominio propio para refrenar mi deseo de acabar con los que me tratan mal. Tú pelearás por mí en el momento oportuno. Mientras tanto, vuelve los corazones de los malvados para que busquen tu gloria.

**¿Cuán difícil te resulta guardar silencio ante los acusadores y abusadores?**

# INCONMOVIBLE

¡Tú guardarás en perfecta paz a todos los que confían en ti,
a todos los que concentran en ti sus pensamientos!
ISAÍAS 26:3, NTV

Tú eres magnífico, oh Dios, y digno de toda alabanza
porque tu fidelidad es incomparable. Tú cumplirás lo
que dices. No tengo razón para dudar de tus promesas.
Glorifico tu precioso nombre y te doy gracias por afirmar
mis pies con la instrucción de tu Espíritu Santo. Tus obras
del pasado me recuerdan tu firmeza y que puedo confiar
plenamente en que cumplirás lo que has prometido. Incluso
en los momentos más difíciles, puedo descansar tranquilo
sabiendo que eres soberano.

Recuérdame cada día tus poderosas obras y tu fiel amor y
bondad hacia tu pueblo, para que sea reafirmado en mi fe
cada día. Dame más entendimiento de tu plan para que mi
fe aumente delante de ti. Sé que tus planes ciertamente se
cumplirán, y estoy lleno de paz y gozo.

**¿Qué hace que tu mente se afirme en tu confianza en
Dios?**

# CRECER EN SABIDURÍA

*Sin embargo, la sabiduría que proviene del cielo es, ante todo, pura y también ama la paz; siempre es amable y dispuesta a ceder ante los demás. Está llena de compasión y del fruto de buenas acciones. No muestra favoritismo y siempre es sincera.*
SANTIAGO 3:17, NTV

Lléname de mayor sabiduría, Señor, para que pueda vivir en rectitud ante tu trono. Aumenta mi entendimiento de lo que deseas para mi carácter, para saber qué tipo de hombre debo ser delante de ti. Tú me has dado el ejemplo de Jesús como describen las Escrituras, pero lléname también del Espíritu Santo para desarraigar por completo la maldad en mi carácter. Establece verdad, paz y compasión en mí como reflejos de tu carácter misericordioso, y ayúdame a ser genuino en mis motivaciones y las acciones que fluyen de ellas.

Tu meta es moldearme para convertirme en alguien que sirva bien y que ame rectamente; tú quieres que tu pueblo gobierne la tierra según la sabiduría que has establecido desde hace mucho tiempo en lugar de hacerlo según la sabiduría del mundo de exaltación egoísta. Que pueda tratar a otros con cariño y compasión en mi vida diaria, y que esté dispuesto a servir a cualquiera según tu incomparable misericordia. Lléname con una fe firme para que sea capaz de ser flexible al servir a otros.

**¿Qué te enseña la sabiduría de Dios sobre esta vida?**

# BASTA CON HOY

Además de todo eso, levanten el escudo de la fe
para detener las flechas encendidas del diablo.
EFESIOS 6:16, NTV

Me hago eco de la petición de tus discípulos, Jesús;
aumenta mi fe. Enséñame a confiar verdaderamente en tu
fidelidad para cumplir promesas y a tener una esperanza
plena en la restauración de la creación prometida que
vendrá a su debido tiempo. Mientras más miro mis
circunstancias diarias y busco mejorar mi situación actual,
menos me enfoco en el día de tu venida. Entonces me
resulta más fácil contemplar las tentaciones del mundo y
flaquear en mi búsqueda de tu reino y de tu justicia.

Recuérdame diariamente las promesas que tienes
preparadas para mí, para que mi fortaleza aumente y mi
voluntad se fortalezca para perseverar en la senda de
justicia. Ayúdame a priorizar mi tiempo y a pasar el tiempo
necesario alimentándome de tu Palabra y en presencia de
tu Espíritu que me da ánimo. En tu fuerza y poder, correré
esta carrera con éxito y eludiré las tentaciones del maligno.

**¿Qué tiene la fe que apaga los dardos de fuego?**

# GOZO ARDIENTE

Vayan y festejen con un banquete de deliciosos alimentos y bebidas dulces, y regalen porciones de comida a los que no tienen nada preparado. Este es un día sagrado delante de nuestro SEÑOR. ¡No se desalienten ni entristezcan, porque el gozo del SEÑOR es su fuerza!

NEHEMÍAS 8:10, NTV

Señor, qué grande será la celebración el día en que suenen las trompetas, cuando llames a ti a todos los justos de la tierra y hagas la proclamación de restauración a todo el mundo. En ese día habrá un gran gozo en tu venida y nos invitarás a una magnífica fiesta. Glorificaremos tu nombre en la congregación de los justos redimidos de la tierra.

Porque, el día que hagas sonar la trompeta del arcángel, redimirás a los oprimidos y restaurarás la salud de los huesos cansados. Tú eres la fuente de nuestra vida y nuestra fortaleza, y en ti nos alegraremos y nos gozaremos. Elevaré un grito de alabanza y te exaltaré, porque has cumplido tus promesas. ¡Qué glorioso será ese día! Será magnífico; no habrá palabras para describirlo, y solo pensar en ello enciende mi pasión y mi deseo de vivir otro día para ti. Sé glorificado en toda la tierra, Señor, y sé exaltado en los corazones de los hombres.

**¿Cómo se hincha tu corazón cuando piensas en las magníficas promesas de la restauración de Dios?**

# TODO

Me buscarán y me encontrarán
cuando me busquen de todo corazón.
JEREMÍAS 29:13, NVI

Mi Señor, a ti no te impresiona la lealtad dividida del hombre que intenta satisfacer los deseos de esta vida y busca las bendiciones de la siguiente. Tal persona es inestable, y sin duda alguna volverá a los cantos de sirena de este mundo. Un hombre no puede servir a la vez al amo de esta era y al amo de la siguiente, e invariablemente irá tras la satisfacción más inmediata ofrecida en este tiempo.

Dame la singularidad de corazón y de mente para poner mi esperanza plenamente en ti. No quiero que me aparten las ansiedades y preocupaciones de esta vida que pelean contra mi fe en tu bondad. Buscaré primero tu reino, y pondré a un lado la esperanza de las cosas de esta vida. Cualquier cosa buena que reciba en esta era contará como nada a ser estimado, sino que lo usaré voluntariamente para que las buenas nuevas de tu reino sean extendidas. Confío en que tú me darás el pan de cada día, Señor, y espero con impaciencia tu venida.

**¿Cuáles son las cosas en tu vida que se interponen para que no busques plenamente a Dios?**

# SIERVO HUMILDE

Si alguien te da una bofetada en una mejilla,
ofrécele también la otra mejilla.
Si alguien te exige el abrigo, ofrécele también la camisa.
Lucas 6:29, NTV

Tu misericordia y control me asombran, Dios, porque
veo que abusaron de tu generosidad y tu pueblo te
maltrató, y sin embargo no les devolviste mal por mal
precipitadamente. Tú extiendes tu oferta de paz a tus
enemigos e incluso provees para los que te aborrecen. Tu
justicia es veraz y cierta, así que frenas tu ira por causa de
los muchos que podrían librarse de ella.

Que mi fe sea igual de fuerte al poner mi confianza en
tu fidelidad. Dame la fortaleza para mostrar también
control cuando la gente intente abusar de mí, y ayúdame
a entender que en tu reino recibiré lo que pierda
voluntariamente en esta era por causa de ti. Que mi control
ante la injusticia produzca un cambio de corazón de los
malvados para que puedan disfrutar de tu misericordia.
Pongo mis ojos en tus promesas, Señor, y te sirvo
humildemente a ti y a tu voluntad. Fortaléceme para llevar a
cabo tu justa tarea.

**¿Cuál es la razón para soportar la injusticia y el robo, e
incluso dar generosamente a los que te tratan tan mal?**

# SIGNIFICADO DISTANTE

Pero ustedes son linaje escogido, real sacerdocio, nación santa,
pueblo adquirido por Dios, para que anuncien los hechos
maravillosos de aquel que los llamó
de las tinieblas a su luz admirable.

1 PEDRO 2:9, RVC

Tu fidelidad me consuela, Dios. Cuando das tu Palabra, la
respaldas y la cumples. Puedo estar tranquilo sabiendo que
destruirás las obras del enemigo como prometiste, porque
te has mantenido fiel a tus promesas. Si hubieras renegado
o cambiado el significado de tus palabras, ¿quién podría
confiar en tus promesas? En lugar de ello, tú has hecho todo
lo que dijiste que harías.

Completa tus promesas para tu pueblo, de modo que la
bendición que prometiste fluya desde tu trono y traiga vida
eterna al mundo. Tengo confianza debido a tu obra fiel con
el pueblo que has apartado.

**¿Cuáles son algunas de las cosas que te dan seguridad
de que Dios finalmente te salvará en el día del juicio?**

# LA MISMA CONFIANZA

Así que, ¡sean fuertes y valientes,
ustedes los que ponen su esperanza en el SEÑOR!
SALMOS 31:24, NTV

Confío en ti, mi Dios, y no seré avergonzado. Tú eres fiel en exaltar a los que acuden humildemente a ti, reconociendo tu soberanía y dándote su devoción. Persistiré en mi búsqueda de tu reino de justicia. Según el Espíritu Santo que has compartido conmigo, me mantendré firme y valiente contra los intentos del enemigo de hacerme dudar de tu bondad y de la fidelidad de tus promesas.

Tú en verdad eres un Dios de tu Palabra, trayendo calamidad al arrogante y malvado a quien le has prometido que la recibirá, y recompensando a los que han puesto su esperanza en ti como evidencia su búsqueda de justicia. Guárdame según tu buena voluntad.

**¿Dónde debe estar enfocada tu esperanza en el Señor?**

# CON AYUDA

Te guiaré por el mejor sendero para tu vida;
te aconsejaré y velaré por ti.

SALMOS 32:8, NTV

Cuán extraordinarios y gloriosos son el Espíritu y la Palabra
que has derramado sobre la humanidad para mostrarnos
el camino de justicia y para guiar nuestros pasos en él. Tú
has establecido a tu pueblo según tu sabiduría, y no te
has olvidado de las naciones de la tierra en su rebelión.
Tú te acercas a nosotros y nos ofreces tu mano de paz,
llenándonos con el deseo de buscar tu rostro y la venida de
tu reino de justicia.

Persiste en enseñarnos la verdadera sabiduría, Señor, y
no dejes que nos avergüencen. Perdona nuestra necedad
cuando tropezamos, y restáuranos por causa de tu gran
nombre. Te glorifico por tu sabiduría y misericordia conmigo,
Padre. Me conmuevo al pensar que tan siquiera pienses
en alguien de mi posición. ¡Tú eres verdaderamente
majestuoso y digno de alabanza!

**¿Cuál es el objetivo de la instrucción de Dios?**

# LA ESPERANZA GANA

También nos alegramos al enfrentar pruebas y dificultades porque sabemos que nos ayudan a desarrollar resistencia. Y la resistencia desarrolla firmeza de carácter, y el carácter fortalece nuestra esperanza segura de salvación.

ROMANOS 5:3-4, NTV

Padre compasivo, pongo mi confianza en ti. Estoy seguro de tus buenos dones, los dones que has prometido dar a los que se vuelven a ti en justicia, y que enderezan sus pasos delante de ti. Tú me amasas como el pan y me moldeas como el barro a través de las dificultades que enfrento en esta vida, grandes y pequeñas, y esta actividad produce paciencia en mí mientras recuerdo tus promesas.

Tú usas estos tiempos para moldear en mí el carácter de tu amado Hijo, Jesús, y en Él y como Él yo también heredaré la vida eterna. Señor, llename de esta paciencia, edifica en mí este carácter, y ayúdame a esperar en ti hasta que llegue tu tiempo. Espero el cumplimiento de tus promesas para tu pueblo, y mientras tanto, me gozo en el modo en que edificas disciplina en mi vida.

**¿Cómo crees que Dios está edificando disciplina en tu vida ahora mismo?**

# DESCANSAR POR UN TIEMPO

Pues todos los que han entrado en el descanso de Dios han descansado de su trabajo, tal como Dios descansó del suyo después de crear el mundo.

HEBREOS 4:10, NTV

Mi Señor, estoy cansado y vencido. ¿Cuánto durará esto? ¿Cuándo terminarás tu obra y establecerás justicia y rectitud en la tierra, restaurando la paz a la creación que hiciste? Anhelo sentarme y descansar un tiempo, porque este esfuerzo desgasta el cuerpo. Oh, que podamos ser capaces de disfrutar de tu creación juntos, mi Rey, y descansar en la belleza y el término de tu obra.

Por ahora, me esfuerzo con el poder de tu Espíritu para vencer los caminos del mundo en mi propia vida, para ser perfeccionado mediante las cosas que sufro, y para batallar contra la resistencia del enemigo. Me lleno de gozo sabiendo que tu fortaleza y poder son más que capaces de hacer que todo suceda en el tiempo que has establecido. Que tu voluntad se haga pronto, Padre, para que puedas disfrutar del fruto de tu trabajo.

**¿Cuándo es el descanso prometido?**

# SI ABANDONO

Si soportamos los sufrimientos, compartiremos su reinado.
Si decimos que no lo conocemos,
también él dirá que no nos conoce.
2 Timoteo 2:12, TLA

Gran Rey y Creador del universo, oro para que me des la fuerza para soportar tu llamado a sufrir en tu nombre en este siglo. Como sostuviste a Jesús para que soportara la cruz, ayúdame a ignorar el alivio momentáneo de la dificultad y el abuso que pudiera recibir si fuera a negarte o a arrepentirme de mi fe. Porque la recompensa que has prometido a los que se olvidaron de la satisfacción de esta vida es inmensamente mayor que cualquier recompensa o sufrimiento que podríamos encontrar en esta vida.

Es algo temible considerar que me ignores, así que te pido que no apartes de mí tu Espíritu Santo sino que diariamente me restaures el gozo de tus promesas. Ayúdame a proseguir en medio de las dificultades; a dejar de intentar evitar las cosas difíciles que conlleva seguirte; a abrazar la vida que viene de ser llamado por tu nombre. Que todos te magnifiquen y alaben por el testimonio que recibes de mí.

**¿Qué significa que Dios se mantenga fiel en tu falta de fe?**

# SUELTA

Un tiempo para buscar y un tiempo para dejar de buscar.
Un tiempo para guardar y un tiempo para botar.
ECLESIASTÉS 3:6, NTV

Es el tiempo, oh Señor, de buscar lo que tienes preparado para los justos. Aunque las cosas en mi vida sean sacudidas para probar lo que es importante y lo que no es digno de confianza, ayúdame a poner mi esperanza en el futuro día de tu gloria. Que mis graneros estén llenos del tesoro que nunca desaparece ni se estropea. Con el valor y el entrenamiento de tu Espíritu, soltaré mi necesidad de estar satisfecho con las cosas que veo a mi alrededor.

Padre, he confiado en muchos recursos en esta vida (yo mismo, mi trabajo, mi gobierno, mi familia), pero tú eres el único que verdaderamente no falla, y tus promesas demostrarán ser importantes y reales porque tienes el poder de cumplirlas. En tiempos de crisis, los recursos que el mundo puede ofrecer fallarán, pero tú tendrás éxito a la hora de establecer tu reino de justicia. Es el tiempo de que confíe plenamente en ti.

**¿Es el tiempo de soltar algo en tu vida en lo que confiabas que te daría satisfacción?**

# MI CONSOLADOR

Pónganse mi yugo. Déjenme enseñarles, porque yo soy humilde
y tierno de corazón, y encontrarán descanso para el alma.
MATEO 11:29, NTV

Según la naturaleza de tu Espíritu y tu bondad, Dios,
enséñame tus caminos que conducen a vida y descanso de
una tierra en desgaste. Enséñame el camino de la humildad
y el control paciente que tanto amabas en el carácter
de Jesús. Que pueda yo seguir su ejemplo mientras me
enseña el camino a la vida eterna. Tú me consuelas con
una enseñanza recta y palabras de ánimo en este viaje
desgastante mientras espero el cumplimiento de tus
benditas promesas.

Guárdame en tu confianza y no me avergüences, sino sigue
siendo paciente conmigo mientras aprendo de ti. Estoy
agradecido por tu bondad y favor hacia mí a pesar de mi
tendencia a rebelarme contra ti. Tú eres un Padre bueno,
que provee para todas mis necesidades para que pueda
entrar en tu servicio con confianza y fortaleza.

**¿Cómo te enseña el Señor?**

# TU FIDELIDAD

No me olvidaré de mi pacto,
ni me retractaré de lo que he prometido.
SALMOS 89:34, RVC

Tu fidelidad es incomparable, Dios, y tu compromiso con tus promesas es inconmovible. Sin ellas, no tendría nada en lo que confiar, pero porque veo tu fiabilidad puedo estar seguro de que, ciertamente, harás que suceda lo que has dicho que harás. Padre, no dejes que la semilla de la duda germine y crezca, la cual dice que tú has cambiado tus propósitos debido a mis acciones. Tu diligencia en castigar a tus amados conducirá a la promesa que hiciste de que todas las naciones serán benditas.

¿En qué otra cosa puedo confiar si cambias los términos de tus promesas antes de cumplirlas? Sin duda, quizá comience a confiar en cualquier cosa que mi corazón pueda imaginar sobre ti si no recuerdo diligentemente que tú has grabado tus planes en piedra y no te olvidarás de ellos. Establece mi fe de manera sólida en el conocimiento de tu devoción inconmovible.

**¿Qué te anima a hacer la fidelidad de Dios?**

# UN PEDAZO DE CIELO

Cuán grande es tu bondad,
que atesoras para los que te temen,
y que a la vista de la gente derramas
sobre los que en ti se refugian.

SALMOS 31:19, NVI

Estoy asombrado ante la promesa de vida abundante y provisión que tú has establecido para tus hijos. Desafía mi comprensión en esta vida, donde mucho de lo que conseguimos es el resultado del trabajo duro y el esfuerzo y, sin embargo, el resultado es a menudo muy pequeño. Tú has declarado paz y bondad para con la humanidad, que producirán reposo para mis cansados esfuerzos.

Como si las estuvieras almacenando, tú estás reteniendo el derramamiento de tus bendiciones a gran escala, pero me das pequeñas probadas de lo que vendrá como una forma de animarme y fortalecerme en mis pruebas. Qué bendición tengo al recibir de ti estas muestras de inspiración que impulsan mi caminar de fe. Espero impaciente las cosas buenas que has guardado para los que te temen.

**¿Qué cosas buenas crees que el Señor tiene guardadas para ti?**

# PROTEGE MI CORAZÓN

No se dejen engañar por los que dicen semejantes cosas,
porque «las malas compañías corrompen el buen carácter».
1 Corintios 15:33, NTV

Oh Señor mi Dios, guarda mi corazón y mis motivos de las
distracciones de esta vida para que me mantenga firme en
el camino hacia la vida eterna. Rodéame de compañeros
de viaje en el camino que buscan la verdad de tus buenas
nuevas de manera seria y gozosa. Ayúdanos a tratarnos
mejor unos a otros siguiendo bien el camino de vida.

Señor, te pido que me des la sabiduría para saber
cómo poder relacionarme y enseñar a los incrédulos
que necesitan tus buenas noticias, y a la vez también
protegerme de la influencia de sus hábitos. Instrúyeme en
lo que Jesús pudo hacer para llegar a ser conocido como
el "amigo de los pecadores", pero manteniéndose a la vez
recto delante de tus ojos. Dame la humildad y la gracia
para poder llamar a la gente al arrepentimiento pero sin
condenarlos. Anhelo ser una luz de las buenas noticias para
este mundo y también permanecer fiel a ti.

**¿Cuál es la clave para interactuar con personas
"malas" de una forma que ellos te vean como un
amigo, pero sin ser atraído a seguirlos?**

# CAMINO ASFALTADO

Los planes fracasan por falta de consejo;
muchos consejeros traen éxito.
PROVERBIOS 15:22, NTV

Padre, concédeme la sabiduría y el consejo, mediante tu Espíritu Santo, para trabajar bien delante de ti. A algunos les has dado dones para ser maestros y a otros profetas y consejeros, y te pido que los traigas a mi vida para que yo pueda tener éxito en el llamado de justicia que me has dado.

Tú no has querido que camine solo por esta vida, y por eso has provisto una congregación de otros creyentes con los que puedo trabajar. Juntos, podemos apoyarnos unos a otros y cruzar la línea de meta en victoria. Refuerza en mí el camino de vida y concédeme éxito mientras me esfuerzo por andar por ese camino. Confío en tu gran misericordia y en los buenos dones que me das para ayudarme a lo largo de este camino. Rey justo, pongo en ti mi esperanza.

**¿Quiénes son los consejeros que buscas para que te ayuden a tomar decisiones sabias?**

# PALABRAS DE VIDA

Les digo lo siguiente: el día del juicio, tendrán que dar cuenta
de toda palabra inútil que hayan dicho. Las palabras que digas
te absolverán o te condenarán.

MATEO 12:36-37, NTV

Mi Señor, te pido que tu Espíritu de sabiduría cuide de
mis palabras y acciones. Ayúdame a guardar mi corazón y
guíame por el camino correcto. Confío en que el sacrificio
que has provisto para mí cubrirá mi transgresión de tus
mandatos y la arrogancia de mis palabras. Que mis palabras
y acciones sean aceptables a ti.

Padre, olvida mis palabras inútiles y vanas y, según tu
gracia, no me las tengas en cuenta sino concédeme tu
misericordia para entrar en tu presencia por el sacrificio de
Jesús. Te pido que me recompenses según las obras que
produce mi fe. Que seas exaltado por ellas. ¡Aleluya, oh
Señor mi Dios!

**¿Cómo te justifican tus palabras ante los ojos de Dios?**

# TIENE SENTIDO

Él sana a los de corazón quebrantado
y les venda las heridas.
SALMOS 147:3, NTV

Señor, tú eres un Padre bueno y justo en tus caminos. Tú nos disciplinas con misericordia, y tu mano moldea nuestro camino ante nosotros para que persigamos la justicia delante de ti. Tú nos sanas y nos unges con tu amor. Tú eres bueno incluso en la disciplina, produciendo justicia en nosotros. Veo mi necesidad de tu mano firme y estoy agradecido por tu obra en mi vida, orquestando incluso las dificultades que enfrento para que den fruto que produce carácter que conduce a la vida eterna.

Sostenme y lléname de paciencia mientras soporto las dificultades que enfrento con el gozo de un hijo amado. Seré contado como más que vencedor cuando termine la carrera que has puesto delante de mí y esté delante de ti. Me alegraré por tu tierna compasión en ese día.

**¿Qué heridas tiene que sanar Dios en ti hoy?**

# PALABRAS SABIAS

Amados, no crean a todo espíritu, sino pongan a prueba los espíritus, para ver si son de Dios. Porque muchos falsos profetas han salido por el mundo.

1 JUAN 4:1, RVC

Enséñame tus caminos, glorioso Dios, y dame entendimiento de tus maravillosos planes para estar firme. Dame las herramientas que necesito para discernir los falsos espíritus que profetizan mentiras en tu nombre. Afirma mis cimientos para que no me aparte del verdadero espíritu de profecía. Anima mi espíritu y fortalece mi voluntad para soportar los problemas de esta vida a la espera de la futura recompensa que tienes preparada.

En esta era tendré dificultades, pero en la siguiente tu gloria llenará la tierra como las aguas cubren el mar. Cuando Jesús aparezca en las nubes en gloria y poder, entonces sabré que ha llegado tu liberación, pero protege mi corazón para que no se debilite y ponga su esperanza en un mensaje distinto.

**¿Qué distinguía a los falsos profetas de los verdaderos profetas en las Escrituras?**

# PARA EL BIEN

Sabemos que Dios dispone todas las cosas para
el bien de quienes lo aman, a los cuales él ha llamado
de acuerdo con su propósito.

ROMANOS 8:28, DHH

Padre bueno y justo, tú eres incomparablemente sabio y benevolente. Tú deseas dar buenas dádivas a tu pueblo y establecer la bondad en la creación. Tu Espíritu está plenamente dispuesto a proveer gozo, paz y abundancia a tus hijos. Tú conoces el corazón de la humanidad y nuestra tendencia a adorar las cosas creadas en lugar del Creador, así que has provisto los medios para que seamos moldeados para ser un pueblo digno de recibir los dones que anhelas darnos.

Tú moldeas las circunstancias a nuestro alrededor para aumentar la humildad y la compasión, y hacer que seamos purificados mediante los problemas que este mundo nos trae inevitablemente. Tú usas los golpes duros y los tiempos difíciles para pulirnos y permitir que tu carácter brille a través de nosotros. Tus caminos son justos, y tú deseas vivir con personas justas, así que eres diligente en entrenarnos y disciplinarnos para nuestro bien. Gracias por hacer que todas las cosas actúen para moldearnos a tu imagen.

**¿Cómo trata tu Padre bueno a los que considera hijos amados?**

# MI INTERCESOR

Además, el Espíritu Santo nos ayuda en nuestra debilidad. Por ejemplo, nosotros no sabemos qué quiere Dios que le pidamos en oración, pero el Espíritu Santo ora por nosotros con gemidos que no pueden expresarse con palabras.

ROMANOS 8:26, NTV

Mi Señor y Dios, te exalto y te alabo porque has provisto para todas mis necesidades. Tu Espíritu me sostiene. Conoces mis necesidades más íntimas, cosas que incluso yo no entiendo. Tú deseas satisfacerme y fortalecer mis partes más débiles, y has dispuesto tu voluntad para lograrlo. Tu Espíritu, que conoce todas estas necesidades más hondas, clama a ti según tu diseño y tu deseo de ver cumplidas esas cosas.

Gracias por tu deseo de hacerme bien y proveer para mis necesidades más profundas. Me entrego a tu cuidado. Me alivia saber que no tengo que conocer todas mis necesidades para traerlas delante de ti, porque tú cuidas de mí como un padre lo hace con su hijo.

**¿Por qué el Espíritu Santo intercede por ti?**

# SEPTIEMBRE

Velen y oren para que no
cedan ante la tentación,
porque el espíritu está
dispuesto, pero el cuerpo
es débil.

MATEO 26:41, NTV

# ESPERANZA EN LA LUZ

¡Voy a hacer algo nuevo!
Ya está sucediendo, ¿no se dan cuenta?
Estoy abriendo un camino en el desierto,
y ríos en lugares desolados.
ISAÍAS 43:19, NVI

Gracias, milagroso Señor, por las cosas tan maravillosas que te has propuesto llevar a cabo. Gracias por tus promesas de restaurar la tierra, de destruir el hambre y la sequía, de poner fin al sufrimiento y la muerte. Tú has prometido restaurarnos, y tus planes ya han comenzado. Tú revelaste a tu Hijo y lo resucitaste cuando el enemigo intentó poner fin a tu plan antes de que comenzara.

Tus promesas son ciertas y veraces, y pongo toda mi esperanza en ti. Restaura las tierras áridas y desoladas; devuelve la vida a los huesos secos; destruye al malvado opresor. Anhelo el día en que las naciones se junten para darte gloria y honor, como lo has declarado, el día en que tu luz elimine al mismo sol en su fulgor.

**¿Qué cosas sientes en tu vida que señalan hacia "lo nuevo" de Dios?**

# SUFICIENTEMENTE VALIENTE

El Señor detesta los labios mentirosos,
pero se deleita en los que dicen la verdad.
PROVERBIOS 12:22, NTV

Señor, ayúdame a mantenerme fiel en mi testimonio delante de ti. Deseo hablar con veracidad con respecto a las buenas noticias y ser fiel a las promesas que has hecho. Quiero ser lento para hablar cuando no estoy seguro, en vez de soltar rápidamente lo que creo ser cierto. Dame la sabiduría para hablar con precisión de tu bondad.

Señor, muchos que creían que estaban diciendo la verdad a otros más bien estaban fomentando una falsa agenda sin tan siquiera saberlo, pero eran demasiado orgullosos como para oír la verdad. Que mi corazón se mantenga humilde delante de ti para no buscar mi propia gloria y honra entre los hombres; solo quiero oír de ti las palabras: "Bien hecho, buen siervo y fiel". Gracias por tu Espíritu que me ayuda a ir por sendas rectas de verdad.

**¿Qué te da la fuerza y el valor para decir la verdad a la gente que está cómoda con lo que sabe?**

# GRANDES COSAS

Dios la usa para preparar y capacitar a su pueblo
para que haga toda buena obra.
2 TIMOTEO 3:17, NTV

Mi Dios, el comienzo de la Biblia se llama instrucción, y te pido que me enseñes por medio de ella la bondad de tus planes y promesas. Equípame plenamente para actuar conforme a tu voluntad y al carácter que deseas en un hombre. Tú me has dado enseñanza suficiente en tus Escrituras para saber cómo comportarme, cómo amar, cómo testificar.

Tú tienes grandes planes para la tierra y sus habitantes: el remanente justo de las naciones. Me alegra ofrecer mi servicio, tal como es, para la obra que tienes preparada. Dame lo que necesite para llevarla a cabo fielmente. Que mi ofrenda sea aceptable a ti, y que tu gloria aumente por el testimonio de mis esfuerzos.

**¿Cuáles son algunas maneras en las que podrías llevar a cabo las buenas obras de Dios hoy?**

# EL CAMINO CORRECTO

El corazón del hombre pondera su camino,
pero el Señor le corrige el rumbo.
PROVERBIOS 16:9, RVC

Guíame por el camino correcto, mi Dios, y no por el camino que lleva a la destrucción. A menudo deseo perseguir las cosas de esta vida que me hacen feliz, aunque solo sea por un momento, pero tú has dicho que ese camino lleva a la destrucción. Dame la sabiduría para buscar tus deseos, y para anticipar el gozo que tienes preparado para mí.

Tú no deseas una vida de aburrimiento e infelicidad para mí, pero sabes que el camino que persigo para hallar aventura y felicidad no es correcto. Ayúdame a cumplir tus designios para mí como hombre según tu voluntad y no según la mía. Equípame para realizar mis actos por amor y por interés por ti y por los demás en lugar de buscar egoístamente mis propios deseos a expensas de otras personas. Dirige mis pasos hacia tu recompensa para los justos, y haz que mis deseos estén en consonancia con el tuyo.

**¿Cómo dirige Dios los pasos de todos los hombres?**

# UNA COSA

Porque tanto amó Dios al mundo que dio a su Hijo unigénito,
para que todo el que cree en él no se pierda,
sino que tenga vida eterna.

JUAN 3:16, NVI

Me asombra el despliegue que has realizado para llevar a cabo la redención de tu pueblo, oh Señor mi Dios. Tu fidelidad para establecer a tu pueblo en justicia es de mucho ánimo para mí. Tú has declarado tus planes desde el principio, y estás haciendo que se cumplan diligentemente.

Tú has establecido a David como tu casa real, y a través de toda la agitación y disciplina necesarias para castigar a tu pueblo, has enviado a tu Hijo escogido al mundo. Tus planes grandes y misericordiosos sobrepasan mi entendimiento, y sin embargo tú has hecho todo esto porque deseabas que las naciones se volvieran de nuevo a ti en fe. Exalto y glorifico tu nombre, oh gran Dios, por tus asombrosos milagros.

**¿Entiendes cuán importante eres para Dios a través de este versículo?**

# SOLO UN HOGAR

No se olviden de brindar hospitalidad a los desconocidos,
porque algunos que lo han hecho, ¡han hospedado ángeles
sin darse cuenta!
HEBREOS 13:2, NTV

Según tu Espíritu, oh Señor, lléname de bondad y favor
incluso para con los extraños que encuentre en mi vida.
Ayúdame a recordar que soy solo un viajero en esta vida,
vagando por el camino hasta el día que tú me llames al
hogar. Tú me has mostrado bondad y me has dado dirección
y propósito, así que lléname con la misma bondad para
otros. Ayúdame a atender sus necesidades, a darles un
lugar de descanso y refresco.

Que las naciones de la tierra te glorifiquen cuando vean a
tus hijos motivados a dar sacrificialmente de ellos mismos
a personas que no conocen. Que pueda ser yo uno de
esos que dan generosamente de los recursos que tú has
provisto.

**¿Qué te motiva a ser hospedador?**

# SOLO AMOR

Ámense unos a otros con un afecto genuino
y deléitense al honrarse mutuamente.
ROMANOS 12:10, NTV

Me encanta vivir en comunión con tus hijos, Dios, para poder animarnos unos a otros y acompañarnos unos a otros por este camino hacia la vida eterna. Estoy bendecido de conocer al pueblo de Dios y de buscarte junto a ellos, de experimentar camaradería y de servir con un compromiso recto. Tú has dicho que el mundo nos conocería por la forma de tratarnos unos a otros, dando generosamente al otro y no buscando que nos lo devuelvan, apoyando y cuidando del bienestar del otro.

Lléname de este amor por tu familia y dame la sabiduría para saber cómo servirles mejor y estar abierto a su servicio. Edifica la comunidad de creyentes a través de nuestra experiencia compartida. Que mi corazón de compasión se extienda a lo largo y ancho. Ayúdame a honrar a mis hermanos en países extranjeros que te sirven de maneras que no puedo ni imaginar. Padre, por encima de todo, glorifícate en nuestros actos de bondad y fiel amor los unos con los otros.

**¿Cómo has visto que la comunidad de creyentes te demuestra cuidado?**

# MÁS COMO TÚ

Dios empezó el buen trabajo en ustedes,
y estoy seguro de que lo irá perfeccionando
hasta el día en que Jesucristo vuelva.

FILIPENSES 1:6, TLA

Oh Padre, tú eres bueno en tus promesas y en la obra que estás haciendo en la tierra. Gracias por acercarme a ti con tu oferta de paz y por tratarme como tu hijo, porque me enseñas diligentemente y me disciplinas fielmente. Tú has querido una descendencia justa que administre tu creación terrenal con honor y compasión, ocupándose de protegerla en lugar de explotarla. Ayúdame a reconocer la diferencia y a aprender a cuidar de los demás.

Tú eres diligente y fiel en tu bondad, misericordia y paciencia, y me conmueve tu cuidado. ¿Quién soy yo para que el Rey del universo cuide de mi bienestar concreto y se interese por mi vida? Y, sin embargo, tú lo has hecho con pasión y fidelidad. Estaré por siempre agradecido contigo y con tu obra persistente para hacerme digno de los dones que quieres darme. Señor, sé bendecido y glorificado.

**¿Cuál es la obra gloriosa que Dios comienza en la vida de un creyente?**

# ADVERSIDAD

«Mi gracia es todo lo que necesitas; mi poder actúa mejor
en la debilidad». Así que ahora me alegra jactarme de mis
debilidades, para que el poder de Cristo pueda actuar a través de mí.
2 CORINTIOS 12:9, NTV

Fortaléceme según la sabiduría y el conocimiento de tu
Espíritu Santo para que sea capaz de estar firme en la
adversidad. Soy débil, Señor, y necesito que tu ánimo me
ayude a atravesar la adversidad. Como un jugador de fútbol
que ve la visión de campeonatos ganados y eso le impulsa
a soportar el dolor del entrenamiento, así yo busco una
mayor inspiración que me impulse a proseguir en medio
de las pruebas y dificultades de la vida y me haga ser un
hombre fiel y vibrante ante tus ojos.

Tu poder es dado a conocer en la tierra cuando tomas lo
menos deseable de las naciones y vences la mundanalidad
en ellos donde son más vulnerables. Entonces, tu nombre
es exaltado delante de las potestades y principados que
estableciste, y validas tu sabiduría ante ellos. Pongo mi
confianza en ti, Dios, para que me sostenga a pesar de
mi debilidad. Tú eres un Rey bueno y amable, y me siento
honrado de que seas mi Padre.

**¿Cómo te beneficia el hecho de admitir tus
debilidades?**

# EL AMOR NUNCA TERMINA

*Mil años, para ti, son como el día
de ayer, que ya pasó; son como unas
cuantas horas de la noche.*
SALMOS 90:4, NVI

Señor, tu fidelidad continúa durante todo el tiempo; tú no darás la espalda a lo que has decidido sostener. Tú has establecido la tierra en tu sabiduría y has dicho que es buena, y has puesto a la humanidad sobre ella como tu gobernador; por lo tanto, tú nos serás fiel para siempre.

Tú eres fiel y veraz en tus compromisos, y has prometido sanar en amor nuestras heridas. Tú eres bueno y compasivo con lo que has hecho. Te has propuesto derrocar la opresión y la maldad, el fruto del mal y la rebelión, y establecerás la justicia para todo el que haya puesto su confianza en ti, porque tú amas a los que te aman.

**¿Qué significa amar a Dios?**

# LAS MISMAS MANOS

Tú me diste el escudo de tu salvación,
y con tu bondad me engrandeciste.
2 SAMUEL 22:36, RVC

Padre, enséñame la sabiduría de tus caminos para que yo pueda enseñarla a otros, porque tu gloria es maravillosa. Tú eres el gran Rey y cuidas del mundo en tu poder soberano. A través de ti vienen tanto la justicia como la misericordia, la bendición y la maldición, la exaltación y la destrucción; sin embargo, eres consistente en tus caminos.

Tú estableces al justo perpetuamente, pero apartas al malvado. Tú disciplinas a los que amas, y sanas sus heridas. En tu justicia, castigas al malvado por la forma en que ha causado problemas y dolor, pero en tu misericordia le ofreces la oportunidad de alejarse de sus malos caminos y de unirse a los rectos. Tú te deleitas en destruir la maldad, pero no disfrutas al pensar en destruir al malvado. Tú darás a los justos la victoria sobre sus enemigos, pero ofreces la oportunidad de cambiar de bando a esos enemigos. Tú eres el Dios que hace que todo esto suceda, y exaltaré tu nombre por siempre.

**¿Cómo te ha hecho grande la bondad de Dios?**

# SIN PALABRAS

Y durante siete días y siete noches se sentaron en el suelo para
hacerle compañía. Ninguno de ellos se atrevía a decirle nada,
pues veían cuán grande era su sufrimiento.

JOB 2:13, NVI

Oh Padre, sostenme en el día de la tristeza, el día en que
me sienta abrumado por el pecado y el esfuerzo de esta
vida, con la enfermedad y la muerte que me rodean y me
engullen. No soy capaz de expresar la profundidad de mi
angustia. ¿Por cuánto tiempo puedes dejar que continúe
esto? ¿Por cuánto tiempo retendrás la justicia de la tierra?
No soy capaz de soportar el dolor y la agonía que asolan
mis sentidos; susténtame con el poder de tu Espíritu Santo.

Examina las profundidades de mi corazón, Dios, y
consuélame. Escucha las peticiones que ni siquiera sé
cómo expresar y claman por mí. Que mis peticiones
sean oídas ante tu altar mientras renuevas mis fuerzas.
Refresca la tierra en tu gran sabiduría y trae sanidad a los
quebrantados y heridos. Provee para los pobres y sostén
a los necesitados. Dales esperanza en tu bondad. Estaré
delante de ti y hablaré de tu maravillosa bondad.

**¿Qué pueden lograr unas palabras prematuras en
medio del dolor?**

# CUANDO LLEGA LA GLORIA

*¡Pero gracias a Dios! Él nos da la victoria sobre el pecado*
*y la muerte por medio de nuestro Señor Jesucristo.*
1 Corintios 15:57, NTV

¡Oh, qué emocionado estoy por tu venida, Señor! Oír la trompeta anunciando la victoria, elevándonos a todos en gloria para juntarnos contigo para la fiesta de celebración. Tu reino no tendrá fin y tu Rey justo será entronado, gobernando al mundo en justicia y paz, derramando una bendición que será la sanidad de las naciones.

Tú eres glorioso, por la sabiduría de tus planes y la forma en que los llevas a cabo. Estaré por siempre agradecido por la misericordia que has dado y que salva a un pecador como yo. Mantén recto mi camino y dame la fortaleza para mantenerme fiel a él de modo que llegue al día de salvación con confianza y certeza, no porque lo merezca sino porque tú has deseado dar el regalo a los que te aman y te siguen con todo su ser. Bendito eres tú sobre todo, porque nadie y nada es como tú.

**¿Alguna vez te ves viviendo más para lo que el Señor puede hacer por ti ahora que con la esperanza puesta en la recompensa venidera?**

# CERCA

Ayúdense a llevar los unos las cargas de los otros,
y obedezcan de esa manera la ley de Cristo.
GÁLATAS 6:2, NTV

Jesús, tú dijiste que el segundo gran mandamiento es amarnos unos a otros como a nosotros mismos, lo cual es el centro de la Ley. Enséñame a mostrar esta expresión externa a otros y mostrar empatía con sus experiencias. Sé qué tipo de cuidado necesito en tiempos de dificultad, estrés y debilidad, así que ayúdame a tratar a otros que enfrentan las mismas dificultades con el mismo cuidado. Seré un apoyo para mi hermano, reconociendo que no soy mejor que él incluso si actualmente estoy libre de las dificultades que él está enfrentando.

Dame palabras que sean como bálsamo que fortalezcan y animen, y no palabras que destruyan el espíritu o traigan condenación. Que mis acciones hacia los demás estén sazonadas con misericordia para que sean restaurados cuando caigan. Tú me has dado un favor que no merezco, Padre; ahora ayúdame a mostrar ese favor a mi hermano.

**¿Cómo puedes llevar la carga de otra persona?**

# ABBA

Quienes no emplean la vara de disciplina odian a sus hijos.
Los que en verdad aman a sus hijos se preocupan
lo suficiente para disciplinarlos.
PROVERBIOS 13:24, NTV

Gracias, Padre, por tu persistencia en moldearme. Tú me muestras tu amor y compasión enseñándome que no me dejarás solo. Tú me acercas de nuevo y no dejarás que flaquee para siempre. En cambio, tú afirmas mis pies y fortaleces las partes débiles de mi carácter. Aunque el proceso es duro, tú eres diligente en asegurarte que aprenda los caminos de justicia, y soy lo suficientemente fuerte para andar por este camino.

Tú me has tomado y me has dado un lugar entre tu pueblo; estoy seguro. Sé que cuidas de mí y me conmueve que me consideres uno de los tuyos. Estoy agradecido por lo que estás edificando en mí y cómo me estás moldeando para que sea un hombre de justicia, alguien digno de recibir la recompensa que tú darás. Te glorifico con todo mi corazón, Padre misericordioso.

**Como un buen Padre que disciplina, ¿qué tipo de cosas hace Dios para disciplinarte?**

# ACCESO A LA SABIDURÍA

Pídeme y te daré a conocer secretos sorprendentes
que no conoces acerca de lo que está por venir.
JEREMÍAS 33:3, NTV

Padre, permíteme beber libremente de tu Espíritu, ser lleno de entendimiento, y ser alentado con grandes cosas que superan mi comprensión usual. Lléname de sabiduría y conocimiento que fortalezcan mi esperanza en el día de tu venida, y muéveme a exaltarte mientras me humillo a tus pies. Tú eres el gran Dios y Padre de toda la tierra, que provees para ella y cuidas de todo lo que has hecho.

Tú no someterás a tu creación a vanidad y a cosas malas para siempre, ya que un día te levantarás y pondrás fin a los caminos malvados de los poderes mundanos que han olvidado su lugar o se han rebelado voluntariamente contra tu reinado. En tu gran poder, lléname de fe para resistir ante la gran oposición y permanecer firme en mi lealtad a tu trono. Gracias por iluminarme con instrucción en la verdad, porque mis antiguos caminos me conducían meramente a la destrucción.

**¿Cuál es la meta de la sabiduría divina?**

# SOLO TÚ

¡Nadie es santo como el SEÑOR!
Aparte de ti, no hay nadie;
no hay Roca como nuestro Dios.
1 SAMUEL 2:2, NTV

Tú eres grande entre todos los reyes y dioses de las naciones, oh Señor. Tú has establecido el mundo en todos sus sistemas inherentes, creándolos según tu gran sabiduría. Tú has establecido una jerarquía de poder y autoridad y has puesto a tus criaturas en esas posiciones; sin embargo, al margen de cómo usen su autoridad, tú orquestas los eventos para cumplir tus propósitos.

Todos los seres están sometidos a ti, oh Dios, sin importar lo que piensen o crean sobre ti, y tus planes no se pueden torcer. Pondré mi confianza y mi esperanza en ti. Que las naciones y todos sus habitantes reconozcan tu soberanía para que sean salvos en el día de tu venida. Exalta tu nombre ante los ojos de las naciones para que sobrevivan al fuego de tu venida. ¡Nadie es como tú, Señor!

**¿Confías a veces en otras fuentes de estabilidad?**

# CADA OPORTUNIDAD

"Yo soy el camino, la verdad y la vida.
Sin mí, nadie puede llegar a Dios el Padre.
Si ustedes me conocen a mí, también conocerán a mi Padre".

JUAN 14:6-7, TLA

Oh Padre, tú enviaste a Jesús al mundo para mostrarnos qué clase de persona eres. Podemos entenderte mejor al crecer en el conocimiento del carácter de Jesús. Su espíritu estaba alineado con el tuyo. Padre, te pido que me ayudes a que mi carácter crezca. Que quienes entren en contacto conmigo crezcan en su entendimiento de ti y de tus promesas a medida que me conozcan, y vean la forma en que tu Espíritu está produciendo fruto en mi vida.

Al igual que Pablo, deseo ser alguien que llene, a través de mi propio testimonio, lo que a otros les falte en su entendimiento de tu misericordia y tu carácter en cada circunstancia de la vida. Ayúdame a ser un testigo fuerte de cómo eres tú hasta el día en que regreses y reveles todo en poder y gloria.

**¿Cuáles son algunas cosas en las que Jesús te está llamando a unirte a Él?**

# REGOCIJO EN LA DEBILIDAD

Por eso me regocijo en debilidades,
insultos, privaciones, persecuciones y dificultades que sufro por
Cristo; porque, cuando soy débil, entonces soy fuerte.

2 CORINTIOS 12:10, NVI

Padre, necesito tu ayuda. Necesito tu fuerza; necesito tu apoyo. Soy débil a pesar de todos mis esfuerzos por ser fuerte, por ser suficiente. Flaqueo. Pero gracias, Dios mío, porque tú usas estos tiempos para mostrar tu propia fortaleza. Ayúdame a abrazar mi debilidad y dirigir mis pensamientos a cómo buscar tu fuerza en lugar de apuntalar mis propias habilidades.

Tú sostienes al débil y exaltas al humilde. Tú das gracia a los que conocen sus fallas y las confiesan sin dudar. Que sea yo alguien que esté delante de ti sin vergüenza de mis debilidades, listo para que tú te glorifiques a través de ellas. Ayúdame a encontrar gozo en las cosas que no puedo soportar, porque sé que tú te exaltas más cuando yo soy menos capaz.

**¿Te resulta difícil estar cómodo con tus debilidades? ¿Por qué sí o por qué no?**

# TODO HONOR

Así que, sea que coman o beban o cualquier otra cosa que hagan, háganlo todo para la gloria de Dios.

1 Corintios 10:31, ntv

Glorioso Dios, tú eres digno de toda alabanza y gloria. Tú debes ser alabado por encima de todas las cosas y adorado en todas las cosas. Tu majestad llena toda la tierra, y su magnificencia será evidente para todas las personas.

Señor, ayúdame a ser el tipo de ejemplo que no hace que otros dividan su lealtad a ti. Deseo que ellos sepan lo que significa verdaderamente adorar al único Dios por encima de todo, y hacerlo de la manera que nos has marcado. Deseo vivir para que tú, y nadie más, sea glorificado en las cosas que hago. Que no cause que otros tropiecen con el pecado por las cosas que hago, para que puedan glorificarte.

**¿Cómo puedes dar toda la gloria a Dios en todo lo que haces?**

# SOLO ENTRE NOSOTROS

Tal vez crees que no hay nada malo en lo que haces, pero mantenlo entre tú y Dios. Benditos son los que no se sienten culpables por hacer algo que han decidido que es correcto.
ROMANOS 14:22, NTV

Trata conmigo conforme a mis acciones, Padre, y ayúdame a no compararme con otros. Tú sabes los planes que has establecido, y conoces el estado de mi corazón y mis deseos. Según tu Espíritu, límpiame de las cosas que tengo que ser lavado y dame entendimiento mediante tu enseñanza.

Ayúdame a ser cuidadoso delante de otros para que no sea yo una causa por la que se desvíen por algo que yo haga, dándote a ti el espacio para tratar con ellos de la forma que necesiten. Te pido que no sea yo una piedra de tropiezo para otros que les haga creer que está bien participar de cosas que son pecaminosas y que a la vez pueden seguir estando bien contigo.

**¿Cómo puedes evitar hacer que otros crean que está bien pecar incluso cuando no creas que sea algo pecaminoso?**

# PRESENCIA PODEROSA

Me mostrarás el camino de la vida;
me concederás la alegría de tu presencia
y el placer de vivir contigo para siempre.
SALMOS 16:11, NTV

Tú eres muy bueno, Dios, en cómo provees para todas mis necesidades y pones a mi disposición las herramientas necesarias para caminar rectamente en fe. Me asombra que consideres incluso los detalles más pequeños de mi vida y orquestes un entrenamiento que está orientado a todas mis necesidades. Tú me moldeas conforme a la imagen de Jesús y me animas con la certeza de tu fidelidad.

Cuán maravilloso es que, incluso cuando la vida presenta tiempos de ansiedad y circunstancias tristes, mi fe en la esperanza de tu restauración me da la fortaleza necesaria para hacer frente a esos momentos con un gozo superior. Que tu voluntad sea hecha en la tierra, Dios.

**¿Cómo puedes tener gozo incluso en las circunstancias más oscuras de la vida? ¿Qué hace que todo valga la pena?**

# VIDA DE INTEGRIDAD

Pues Dios hizo que Cristo, quien nunca pecó, fuera la ofrenda por nuestro pecado, para que nosotros pudiéramos estar en una relación correcta con Dios por medio de Cristo.
2 Corintios 5:21, NTV

¡Dios, la manera en que has llevado a cabo la salvación del mundo es asombrosa! Aunque anteriormente habías dado tu instrucción al mundo, después diste la personificación de un ejemplo para nosotros en la vida de Jesús. Él nos mostró el camino, enseñando la senda de verdad y entregando su vida ante la injusticia para que incluso tus enemigos pudieran ser preservados del juicio. Tú lo llevaste a que se entregara como el castigo que requiere el pecado aunque Él no lo merecía para que nosotros, que no somos dignos de tu favor, pudiéramos tener todas las herramientas disponibles para equiparnos a fin de vivir de manera justa delante de ti y heredar la asombrosa recompensa que has preparado.

Preserva mi vida, Señor, no con el fin de que nunca enfrente problemas sino para que el carácter y la integridad de una vida vivida justamente ante cualquier adversidad se establezcan en mí. Produce en mí el carácter autosacrificial de Jesús. Quiero ser un verdadero testigo de tu bondad, Dios.

**¿Cómo te conviertes en la justicia de Dios?**

# QUÉ HARÍA YO

"Si el mundo los odia, recuerden que a mí me odió primero".
JUAN 15:18, NTV

Mi Señor y Rey, ¿por qué las naciones se esfuerzan tanto para torcer tus planes e impedir que bendigas la tierra? ¿Por qué la gente parece odiarte tanto? ¿Por qué es tan difícil para nosotros ver que tienes en mente los mejores intereses para toda tu creación? A menudo me he sentido atraído a buscar mi propia comodidad. Muchas veces eso conduce al abuso y la corrupción de otros, pero en mi apuro y mis diseños egoístas, ni siquiera me doy cuenta del daño que hago. Perdóname por las veces que he hecho eso, y dame la compasión por otros que no ven los verdaderos efectos de sus caminos corruptos.

Lléname de tu deseo de ver a todas las personas apartarse de su propia determinación de lo que es bueno y malo y de someterme a tu verdad. Fijo mis ojos en tus promesas y las espero pacientemente. Que las naciones acudan a tu misericordia antes del día grande y terrible de tu juicio.

**¿Qué te hizo pasar de no querer los caminos de Dios a desear que se cumplan?**

# MAYOR IMPACTO

Encomienda al Señor tus acciones,
y tus pensamientos serán afirmados.
PROVERBIOS 16:3, RVC

Oh Señor, te entrego mi lealtad a ti y escojo seguir tus caminos. Consagro mi trabajo a seguir la senda de la justicia para que aquello que decida hacer en la vida esté en consonancia con tus metas y propósitos. Establece esta obra según tu gracia, y cumple las promesas que me has hecho.

Tú has escogido la tierra como el lugar donde llevar a cabo tu redención, y anhelo ver y participar de las promesas que has hecho. Ayúdame a desear tus buenas nuevas con todo lo que tengo y a encontrar mi motivación al apuntar a la gente hacia ti. Sé magnificado en la tierra, Señor.

**¿Qué significa consagrar tu trabajo al Señor?**

# LA FUENTE

Toda la alabanza sea para Dios, el Padre de nuestro Señor
Jesucristo. Dios es nuestro Padre misericordioso
y la fuente de todo consuelo.

2 CORINTIOS 1:3, NTV

¿Qué tengo yo que tú no hayas provisto, Dios? Todo, desde
el aire que respiro hasta los materiales para la ropa que
llevo puesta, e incluso mi cuerpo, están aquí por tu obra
y provisión. Por lo tanto, pongo mi confianza en que tú
proveerás para todas mis necesidades, y reconoceré que,
cuando no recibo lo que creo que necesito, eso también es
parte de tu provisión.

Tú no solo provees para mi propia comodidad sino también
para mi carácter y para la salvación de otros. Tu sabiduría es
incomparable, y sé que te inclinas a hacer lo que es bueno
para los que te llaman Padre. Confiaré en el camino por el
que me diriges, y seré paciente para recibir el consuelo y
descanso supremos que has prometido para los que buscan
diligentemente la justicia delante de ti.

**¿Qué diferencia el consuelo que viene de Dios y el
consuelo que buscas por ti mismo?**

# ANCLADO

*Pero tiene que pedir con fe y sin dudar nada,*
*porque el que duda es como las olas del mar,*
*que el viento agita y lleva de un lado a otro.*
SANTIAGO 1:6, RVC

Padre, te pido que aumentes mi fe y que me ayudes a poner mi esperanza por completo en el día en que traerás la recompensa contigo. Consolida mi corazón en las promesas de tus buenas noticias y tu fidelidad llena de amor. Ayúdame a dejar de vacilar entre las comodidades temporales de esta vida y la belleza eterna de la vida venidera.

Quiero que mi corazón esté plenamente anclado en los deseos de tu voluntad para que las cosas que pido y busco estén plenamente aseguradas. Tú elevarás mis peticiones y harás que se cumplan, porque te complaces en proveerlas. Sé glorificado delante de las naciones de la tierra, y que toda la gente llegue a reconocer tu bondad.

**¿Qué significa ser un hombre de doble ánimo? ¿Cómo está relacionado eso con dudar de las buenas noticias?**

# ENCUÉNTRAME

Esta visión es para un tiempo futuro.
Describe el fin, y este se cumplirá.
Aunque parezca que se demora en llegar,
espera con paciencia, porque sin lugar a dudas
sucederá. No se tardará.

HABACUC 2:3, NTV

Aumenta mi resistencia delante de ti, Señor, para que continúe corriendo esta carrera de fe contra el tiempo y los problemas. Dame la fortaleza para que no me aparte por la aparente lentitud que percibo en el cumplimiento de tus promesas. Esperaré a que establezcas tu justicia en la tierra, porque ciertamente la establecerás en su momento oportuno.

Equípame con la resistencia paciente que me permita someterme a la misericordia que estás concediendo. Lléname de tu compasión por los malvados así como por los pobres y oprimidos, para ver a muchas personas poner su confianza en tu futura salvación, y que tu casa se llene en la fiesta de celebración que estás preparando.

**¿Por qué es importante para ti mostrar paciencia ante la "lentitud" del cumplimiento de Dios?**

# MANTENTE ENFOCADO

El amor es paciente, es bondadoso. El amor no es envidioso
ni jactancioso ni orgulloso.

1 Corintios 13:4, NVI

Conforma mi carácter según el tuyo, Dios, y aclara la imagen
de Jesús que estoy reflejando según el poder de tu Espíritu
Santo en mí. Que mis caminos estén llenos de bondad y
compasión así como Jesús fue paciente y bueno con los
que acudían a Él. Dame un amor fuerte por tu Palabra y el
cumplimiento de tu gloria en la tierra, para que extienda tu
oferta de paz a cualquiera que encuentre.

Dios, tu disposición a soportar la maldad y la destrucción
que han producido los hombres malvados en la tierra por
causa del establecimiento de tu paz con todos los que sea
posible es asombrosa. Sé que, sin la ayuda de tu Espíritu,
yo sería incapaz de soportar ni tan siquiera la infracción más
pequeña contra mi familia y mis posesiones; sin embargo, tú
has soportado miles de transgresiones y el brutal asesinato
de tu Hijo para ofrecer un tratado de paz al mundo. Que
tus esfuerzos resulten ser totalmente útiles, y que mi vida
refleje tu carácter.

**¿Cómo te mantienes enfocado en las buenas noticias
en medio del clamor de las distracciones del mundo?**

# RECONCILIACIÓN

Pero si mi pueblo, que lleva mi nombre, se humilla y ora,
busca mi rostro y se aparta de su conducta perversa,
yo oiré desde el cielo, perdonaré sus pecados
y restauraré su tierra.

2 Crónicas 7:14, NTV

Oh Señor, apresúrate en cumplir tus promesas de reconciliación y restauración. Tú has establecido tu plan de atraer a las personas a ti y de que se aparten de la maldad que tan rápido perseguimos. Padre, te confieso mi desobediencia; confieso que he perseguido las cosas de esta vida y las comodidades que provee, y no he buscado tu justicia.

Por favor, perdona estas cosas en mí y en mi pueblo. Escucha nuestro clamor por restauración y reconciliación, y recuerda tu promesa a Adán y Eva de derrocar la maldición y la autoridad del enemigo. Establece tu reino de justicia en la tierra, y sana la tierra. Que tu nombre, y solo tu nombre, sea exaltado en toda la tierra, y que todas las naciones se arrepientan delante de ti.

**¿Qué quiere decir Dios con sanar la tierra?**

# OCTUBRE

Respóndeme cuando
clamo a ti,
oh Dios, tú que me
declaras inocente.
Libérame de mis
problemas;
ten misericordia de mí y
escucha mi oración.

Salmos 4:1 ntv

# GUARDA MI CORAZÓN

Piensen en las cosas del cielo,
no en las de la tierra.
COLOSENSES 3:2, NTV

Mi Dios, tú has declarado tu justicia y tus fieles promesas desde el trono celestial; que mi anhelo esté en consonancia con esas cosas. No quiero que me venza el deseo de las cosas con las que el mundo intenta distraerme. El mundo a menudo pone cosas delante de mí que tú has establecido para propósitos buenos y dignos, pero mi corazón va en pos de ellas de una forma equivocada.

En el poder del Espíritu Santo, moldea mi corazón para que anhele las acciones rectas y no siga el anhelo de las personas que no tienen esperanza de una vida después de esta. Guarda mis pensamientos y deseos, y canalízalos según tu justa intención. Que mi esperanza esté firmemente arraigada en las promesas que has ordenado.

**¿Cuáles son las "cosas del cielo"?**

# TEMPORALES

Por eso, no nos fijamos en las cosas que se ven, sino en las que
no se ven; porque las cosas que se ven son temporales,
pero las que no se ven son eternas.

2 CORINTIOS 4:18, RVC

Dios y Padre, tú eres glorioso en tus caminos y maravilloso en tus grandes promesas. El mundo actúa como si fuera a continuar como está el mayor tiempo posible, pero tú has establecido un día en el que juzgarás a los justos y a los malvados. Anhelo que llegue el día en el que la enfermedad, el hambre, la sequía, el abuso y el desastre sean cosas del pasado, pero por ahora estoy rodeado de todo ello.

Aun así, no dejo que estas cosas destruyan mi esperanza y mi gozo. Sé que estas cosas no perdurarán; son temporales como lo son muchos de los intentos efímeros de encontrar felicidad a los que el mundo se dedica. Señor, guárdame de caer en la desesperación que lleva al mundo a perseguir cosas que no perdurarán, y fortaléceme en mi resolución de ir en pos de tus buenas promesas.

**¿En qué cosas eternas estás fijando tu corazón ahora mismo?**

# EMPATÍA

Si uno de los miembros sufre, los demás comparten su
sufrimiento; y, si uno de ellos recibe honor,
los demás se alegran con él.
1 CORINTIOS 12:26, NVI

Dios Padre, dame una esperanza unificada en la única
esperanza de tu restauración, y ayúdame a caminar con
otros por la senda hasta ese glorioso día. Ayúdame a llevar
las cargas de mis compañeros de viaje, sufriendo con
ellos en la tristeza y alegrándome con ellos incluso en las
victorias más pequeñas durante el camino.

No soy un llanero solitario que camina por este sendero
sin compañía, sino que has ordenado que muchos recorran
juntos este camino para animarnos y apoyarnos unos
a otros para mantener un rumbo recto. Lléname de tu
compasión y de cuidado por tu pueblo. Mirad cuán bueno
es habitar con tu pueblo justo en unidad. Estoy agradecido
por tu gran misericordia al proveer compañía en lo bueno y
lo malo del viaje durante este siglo. Tú eres un Padre bueno
y un buen proveedor.

**¿Qué crea la unidad del cuerpo de creyentes que
produce la camaradería mencionada arriba?**

# MI NOMBRE

Mira, he escrito tu nombre en las palmas de mis manos.
En mi mente siempre está la imagen de las murallas
de Jerusalén convertidas en ruinas.

ISAÍAS 49:16, NTV

Padre, tú nunca jamás te olvidas de tu pueblo. Tu justa
fidelidad no te permitiría hacer eso, y has llenado tus
planes con el gozo de bendecir a tu pueblo. Que sea yo
lo suficientemente afortunado para ser contado entre los
justos que son benditos en tu obra. Me siento conmovido
y muy honrado de que me hayas ofrecido tu salvación
preciosa.

Cumple tus promesas de establecer y restaurar a tu pueblo
y llenar la tierra con los justos a los que has prometido
exaltar. Que tu gozo sea cumplido en toda la tierra a medida
que tu nombre es vindicado y muestras tu verdadero amor
y bondad a la gente que el mundo ha odiado. Anhelo el día
en que finalmente estés satisfecho con tu poderosa obra.

**¿Qué consuelo te produce saber que Dios recuerda las
promesas que te hizo?**

# EL GOZO ES MEDICINA

No hay mejor medicina que tener pensamientos alegres.
Cuando se pierde el ánimo, todo el cuerpo se enferma.
PROVERBIOS 17:22, TLA

Gracias, Padre, por tus buenas noticias, en las que la anticipación de su cumplimiento produce una gran cantidad de gozo. Lléname de asombro e imaginación con respecto a la realidad de tus promesas, y alimenta mi gozo según la obra de tu Espíritu Santo. Ese gozo me produce vitalidad y hace que otros se maravillen de mis ánimos exaltados.

Estoy muy agradecido de que hayas prometido tu perdón. ¿Cómo no gozarme sabiendo que no me echarás en cara mis faltas? Compartiré con todos mi gozo; trae la sanidad contigo cuando regreses y establezcas tu justa bondad en toda la tierra.

**¿Hasta qué punto ha obrado Dios para traer gozo a tu alma?**

# ESCOGE BIEN

Donde esté su tesoro, allí estarán también
los deseos de su corazón.
LUCAS 12:34, NTV

Mi Señor, cuando pienso en tu creación y cómo hiciste a la humanidad, tu intención fue que viviéramos para siempre contigo trabajando juntos gobernando la tierra. Cuando nos corrompimos y comenzamos a seguir el consejo del enemigo, tú estableciste una condición temporal en la tierra en la que tu creación, nosotros incluidos, estaríamos sujetos a la muerte. Tú prometiste que, a su tiempo, traerías un libertador que restauraría la creación.

Así que ahora, desde la primera declaración de tus buenas noticias, el mundo ha estado dividido entre los que te creen en cuanto a que esas circunstancias son temporales, y los que no creen que tú la restaurarás. Ambos están caracterizados por cómo vivimos en este tiempo, ya sea que vivamos para maximizar nuestras experiencias ahora, sabiendo que morirán, o queriendo en gran manera ignorar lo que se puede ganar temporalmente a favor de lo que se poseerá para siempre. ¿Qué beneficio me aporta tener más en esta vida si sacrifico lo que tú ofreces en la siguiente? Escogeré servirte, Dios, y esperar en tu buena voluntad.

**¿Qué herramientas da Dios para combatir la tentación de conformarse con esta vida?**

# SIN PREOCUPACIÓN

La preocupación agobia a la persona;
una palabra de aliento la anima.
PROVERBIOS 12:26, NTV

Oh Dios, tus buenas noticias me inspiran, y estoy lleno de gozo. Aunque mi vida está llena de incertidumbre y mis circunstancias frecuentemente parecen tambalearse, sin embargo, saber que tú vas a restaurar todas las cosas y suplir las necesidades de todos levanta mi espíritu. Sé que enfrentaré dificultades, a veces problemas intensos, pero eso no será el final para mí. Tú estás vigilando y trabajando para acercar a la humanidad a tu bandera, para llenar tu casa de adoradores que te glorificarán en la tierra y esperarán en tus fieles promesas.

Juntos, nos alejamos de los tiempos ansiosos del mundo y nos animamos unos a otros con recordatorios de tu fidelidad y compasión. Las historias de tu bondad revigorizan mi fe cada día. Continúa fortaleciéndome con la instrucción de tu Espíritu y tus palabras de ánimo y entendimiento. Son como el sol que brilla a través de las nubes en un día plomizo.

**¿Qué te preocupa diariamente, y cómo podría Dios ayudarte con esa preocupación?**

# RIQUEZA DE CARÁCTER

Elige una buena reputación sobre las muchas riquezas;
ser tenido en gran estima es mejor que la plata o el oro.
PROVERBIOS 2:1, NTV

Tu Palabra me dice que debería usar las riquezas que obtengo en esta vida para hacer amistades a fin de tener mucha compañía en la vida venidera. Al dejar a un lado el satisfacer mis propios deseos de riqueza y poder y buscar en su lugar tu reino y el carácter que viene de seguir tu camino, anhelo impactar a las personas con tu mensaje.

¿Qué testimonio tendría si mis deseos estuvieran tan obviamente motivados por búsquedas egoístas en este mundo como hace todo el mundo? Te pido que me apartes de la multitud para que pueda ser confiable y que pueda cuidar de otros, mostrando compasión a los quebrantados, misericordia a los enemigos, y provisión para los necesitados. Que este sea un testimonio de tu amor, y que atraiga a muchos otros a ti.

**¿Qué hace que una buena reputación sea mejor que la plata y el oro?**

# LLAMADO A AMAR

No te alegres cuando caiga tu enemigo;
que no se alegre tu corazón cuando él tropiece.
PROVERBIOS 24:17, RVA

Señor, anhelo que la justicia prevalezca en la tierra y que tu gobierno justo produzca bondad y paz en la tierra. Te pido humildad y contrición por parte de los que actúan con desprecio en rebelión contra tus caminos, así como tú también me ofreciste la paz aunque yo no era tu amigo.

Que los tropiezos de los orgullosos y arrogantes les hagan ver su error y acudan a tu compasiva misericordia. En eso me alegro, en ver a otro miembro de tu futuro reino viniendo de la población de los que han sido consignados a la destrucción. Ayúdame a tener compasión y humildad, y a ofrecer una mano de ayuda a mi enemigo cuando tropieza, con el fin de que se convierta en mi amigo.

**¿Tiene tu corazón compasión de tus enemigos hasta el punto de morir por ellos?**

# FUERZA REVELADA

Tuyos son, SEÑOR, la grandeza y el poder,
la gloria, la victoria y la majestad.
Tuyo es todo cuanto hay en el cielo y en la tierra.
1 CRÓNICAS 29:11, NVI

Señor, cuando veo la forma en que actúas en la tierra hasta este día, me inspira a tener una esperanza más profunda en el día en que revelarás plenamente tu brazo al mundo y mostrarás tu fuerza majestuosa. Me asombran las pequeñas señales de recordatorio que estableciste; ¿cuánto más asombroso será tu gran final? Tú has creado todas las cosas y las sostienes por tu poder, y tú levantas las naciones y los reinos y también tú los destruyes.

Tu orquestas las circunstancias de la tierra para que produzcan el efecto que deseas. Tus actos milagrosos son fantásticos y producen ánimo, y me fortalecen para que confíe en la validez de tus grandes promesas. Como la emoción de una multitud cuando un corredor entra en la pista, yo me emociono con el día en que reveles tu majestad. Todo te pertenece a ti, Dios, y anhelo el día en que todo ello se someterá a tu gloria.

**¿Cuán emocionante es considerar el día en el que Dios finalmente revelará la plenitud de su majestad?**

# EL ÚNICO JUEZ

Solo Dios, quien ha dado la ley, es el Juez. Solamente él tiene el poder para salvar o destruir. Entonces, ¿qué derecho tienes tú para juzgar a tu prójimo?

SANTIAGO 4:12, NTV

Rey justo, espero con afán el día en que establecerás justicia y un gobierno justo en la tierra. Tú eres el Juez justo, y ejecutarás justicia en plena sabiduría porque ves los corazones de las personas y sabes lo que nos motiva en nuestros lugares más secretos. Tú has establecido tus justos mandatos.

Que pueda yo declarar tu juicio venidero y enfatizar la misericordia que ofreces. Ayúdame a tener una actitud buena y compasiva hacia los demás, recordando mis propias faltas y motivaciones egoístas. Tú me has demostrado una gran misericordia, Señor, y te pido que me ayudes a reflejar esa misericordia a otros. Pule en mí la imagen que tengo que dar, Padre, y ayúdame a mostrar un rostro compasivo a los que buscan tu reino. Tú eres un Dios bueno; tú eres un Rey bueno; tú eres un juez bueno; confío en tus sabias decisiones.

**¿Cómo llama Dios a alguien a apartarse de la maldad sin juzgarle?**

# FIEL EN LO POCO

Si son fieles en las cosas pequeñas, serán fieles en las grandes;
pero si son deshonestos en las cosas pequeñas,
no actuarán con honradez en las responsabilidades más grandes.
LUCAS 16:10, NTV

Padre, enséñame a ser fiel en las cosas que tengo, a tratarlas con respeto, y a honrarte con las cosas que hago. Deseo ser un siervo fiel en quien se pueda confiar que se dedicará a ti en todas las cosas. Lléname de tu sabiduría para encontrar la motivación para cada tarea que enfrente, y para hacer todas las cosas como si las hiciera para ti. Que mis ojos estén fijos en tu justicia y misericordia para que me motiven a cuidar de las cosas que me han sido dadas.

Tú eres un Padre sabio que ve el final desde el principio, y que conoce los corazones de los hombres. Tú ves nuestro encaprichamiento con grandes planes y logros a gran escala, pero sabes que primero debemos ser entrenados. Tú nos confías pequeñas tareas para probar nuestras habilidades y para ver nuestro nivel de compromiso. Ayúdame a ser fiel a ti en todas las cosas, Padre, y a evaluar la instrucción que me das, a no distraerme con los planes grandes, sino a ser fiel exactamente donde tú me has puesto.

**¿Te resulta difícil mantenerte fiel en las pequeñas cosas especialmente cuando no parecen importantes?**

# ADORACIÓN SINCERA

Vengan, adoremos e inclinémonos.
Arrodillémonos delante del Señor, nuestro creador.
SALMOS 95:6, NTV

Tú eres el Rey de todos los reyes, el Dios de todos los dioses, el Creador de todas las criaturas, ¡y tu voluntad soberana es abundantemente buena! Te exalto, Señor, porque tus obras majestuosas y tu misericordia compasiva sobrepasan todo entendimiento. Tu creación te alaba legítimamente porque tú eres su fuente y has establecido sus caminos justos.

Renueva tu creación y establécela en plena bondad y paz; destruye a los malvados en ella y muestra tu poder majestuoso. Tú cumplirás tus decretos divinos desde tiempos de antaño. Tú, y solo tú, recibirás gloria en ese día, y toda la tierra se alegrará.

**¿Qué distingue la adoración sincera de la adoración falsa?**

# MUÉSTRAME BELLEZA

¡Gracias por hacerme tan maravillosamente complejo!
Tu fino trabajo es maravilloso, lo sé muy bien.
SALMOS 139:14, NTV

Señor, te pido que me moldees de tal forma, que pueda ver belleza donde de otra manera no la vería. Entrena mis ojos para buscar la maravilla de tu creación y para ser sensible a los tesoros ocultos que están dentro de las personas. Tu creación es buena y maravillosa; que mi mente se enfoque en el asombro, en cualquier cosa buena. Lléname de tu Espíritu para que me ayude a pensar y ver como tú.

Que mi corazón sea honorable y esté consagrado a lo que es bueno y hermoso en tu creación. Estoy confortado y mi espíritu se alivia cuando puedo disfrutar de la belleza de tu obra. Una tormenta en la montaña, coloridos atardeceres, el cielo nocturno, una persona ayudando a otra que tiene necesidad: todo esto produce gozo en mi corazón, y anhelo el día en el que reveles la plenitud de la belleza de tu creación. Gracias por tus obras creativas y por la belleza de la tierra que has creado.

**¿Cómo afecta a tu espíritu la belleza de la creación de Dios?**

# CONFIANZA VALIENTE

No es que pensemos que estamos capacitados
para hacer algo por nuestra propia cuenta.
Nuestra aptitud proviene de Dios.

2 Corintios 3:5, NTV

Padre, al poner mi fe y mi confianza en ti, anticipando tu obra en mi vida para transformar mi carácter mundano a imagen de Jesús, me lleno de aprecio por la forma en que me preparas para vivir apropiadamente. Tú me das enseñanzas justas que fluyen de tu sabiduría, y me das misericordia compasiva que fluye de tu bondad. Tengo una gran confianza en los caminos que has establecido para prepararme para vivir mi fe.

Me has llenado de seguridad por el testimonio de tantas otras personas fieles que han vivido antes que yo, y lo has reforzado con la poderosa obra de tu Espíritu Santo con animosas palabras de sabiduría y conocimiento, y muestras de tu asombroso poder. Sé que todo esto fluye de tu trono a través de tu Espíritu, porque por mí mismo no merezco las cosas buenas que has prometido a los que te siguen. Tú eres mi fuerza; te doy honor.

**¿Viene tu confianza meramente de declarar tu fe, o la tienes por el fruto de esa declaración? ¿Cuál es el fruto?**

# REDENCIÓN

Ustedes pensaron hacerme mal, pero Dios cambió todo
para bien, para hacer lo que hoy vemos,
que es darle vida a mucha gente.
GÉNESIS 50:20, RVC

Rey bueno, estoy asombrado por los caminos inescrutables
que has concebido para orquestar la salvación para tu
pueblo y para otros de todas las naciones. Tú dominas la
manera en que obras en cada situación, para convertirla en
una forma de producir circunstancias buenas con el tiempo
y para edificar el carácter de tu pueblo a través de todo ello.

Tú eres un magnífico estratega, y estoy completamente
tranquilo en confiarte las circunstancias de mi vida. Haz lo
que tú quieras en mí, Señor, y úsame para los propósitos
que tienes preparados. Te glorificaré por la forma en que
usas incluso los planes de tus enemigos para frustrar sus
metas. ¿Qué poder pueden tener ellos sobre mí que tú no
derribarás?

**¿Cómo incluso las partes más oscuras de tu
experiencia han terminado siendo provechosas
para los propósitos de Dios en ti? ¿Cómo afecta ese
conocimiento la manera que recuerdas u olvidas esa
experiencia?**

# TENGO FE

Ahora bien, la fe es la garantía de lo que se espera,
la certeza de lo que no se ve.
HEBREOS 11:1, NVI

Padre, tú eres maravilloso en tus caminos y en la sabiduría que has mostrado. La fe en ti no es ciega, porque has mostrado pruebas de tu fidelidad a incontables personas a lo largo de las generaciones de la humanidad. Tú has establecido a tu pueblo y lo has sostenido, protegiéndolo incluso de la extinción. Tú has realizado incontables milagros y has cambiado muchas vidas.

Estoy seguro de que cumplirás fielmente tus promesas de destruir la autoridad del enemigo y restaurar la bondad de la tierra. Tú salvarás a los fieles y justos entre las naciones que te anhelan. Mi confianza y esperanza están bien fundadas, y tengo la certeza de su cumplimiento incluso aunque aún no vea tus promesas cumplidas. Tengo fe en ti, ¡gran Rey!

**¿Qué sostiene tu fe en Dios?**

# LA BONDAD MISMA

No finjan amar a los demás; ámenlos de verdad.
Aborrezcan lo malo.
Aférrense a lo bueno.

ROMANOS 12:9, NTV

Padre, ayúdame a amar a otros correctamente y a no ser hipócrita en mis motivaciones hacia ellos. Que mi enfoque sea como el tuyo y mi deseo sea ver personas salvarse. Ayúdame a ser bueno con los oprimidos en el mensaje de tus buenas nuevas con respecto al arrepentimiento, y a no ser crítico con la maldad que me encuentro.

Según tu Espíritu, ayuda a mi corazón a mantenerse tierno hacia otros y a que no se endurezca incluso cuando enfrente hostilidad y crítica. Te pido que fluya tu misericordia de mí en lugar de autopreservación y protección. Que mis palabras reflejen tu gentileza cuando sea apropiado, y hable contundentemente cuando sea necesario pero siempre con la compasión que tú posees. Padre, tú eres la personificación del amor; haz que ese amor brille a través de mí.

**¿Qué es el amor genuino?**

# DISPUESTO A ESCUCHAR

La crítica constructiva es, para quien la escucha,
como un pendiente u otras joyas de oro.
PROVERBIOS 25:12, NTV

Oh Señor, me asombran tu magnificencia y tu gracia. ¿Qué sabiduría tengo yo que ofrecer ante ti? Enséñame tus caminos, Dios mío, y los escucharé.

Deseo tener un corazón que valore la instrucción y aprenda; un corazón que reciba la justa represión y el consejo sabio. Ayúdame a ser alguien que escucha bien a otros y no simplemente alguien que habla sin dejarse corregir. Gracias por tu Palabra, que es buena para instruir en justicia. Lléname de entendimiento por tu Palabra y tu Espíritu.

**¿Qué hace que la capacidad para escuchar las buenas instrucciones y advertencias sea algo tan valorado?**

# MEJOR QUE LA VIDA

Tu amor inagotable es mejor que la vida misma;
¡cuánto te alabo!
SALMOS 63:3, NTV

Oh Dios, tú eres muy fiel a tus promesas. Tú has grabado tus planes en piedra, y no serán conmovidos. Tú llevarás a cabo tu Palabra y establecerás a tu pueblo en justicia y vida eterna. Tus promesas están llenas de asombro y bendición inimaginable, y me aferraré a ellas en lugar de perseguir los placeres temporales de esta vida.

La esperanza de tus buenas noticias es mucho mejor de lo que yo puedo esperar. Tú has de ser exaltado, Dios, por la magnificencia de los planes que has establecido desde el comienzo de la creación. Alabo y glorifico al Rey del universo que establece sus fieles promesas, ¡y restaura su amada creación!

**¿Cuáles son algunos aspectos de las promesas de Dios que te asombran?**

# SIN LAMENTO

Pues la clase de tristeza que Dios desea que suframos nos aleja del pecado y trae como resultado salvación. No hay que lamentarse por esa clase de tristeza; pero la tristeza del mundo, a la cual le falta arrepentimiento, resulta en muerte espiritual.

2 CORINTIOS 7:10, NTV

Mi Señor, te doy gracias por mostrarme mis fracasos y pecados, por ayudarme a ver dónde no he estado a la altura de tus intenciones. Tú me has dado la oportunidad de alejarme de esas cosas. Mi esperanza y deseo es que no te decepcione. Quiero agradarte para que se haga tu voluntad a través de mis esfuerzos. Gracias por darme tu Espíritu Santo que gime dentro de mí por la maldad de mi corazón y por la maldad de este siglo.

Te pido que tu Espíritu me mueva a la tristeza y el dolor por la maldad, y que me motive a la acción. Ayúdame a dejar a un lado la decepción por las cosas de esta vida que me pueda perder, para que mi esperanza esté puesta firmemente en el día en que recompensarás a los justos según sus obras. En ese día, con la ayuda de tu Espíritu, me alegraré.

**¿Qué lamento viene de la tristeza del mundo a diferencia de la tristeza de Dios?**

# NO MÁS PIEDRAS

"¡Construyan, construyan, preparen el camino!
¡Quiten los obstáculos del camino de mi pueblo!".
ISAÍAS 57:14, NVI

Mi Señor, te pido que rompas las cosas en mi vida que se interponen entre yo mismo y el hecho de que termine la carrera que estoy corriendo. El mundo ofrece muchas distracciones que pueden enredarme con facilidad, y las comodidades de esta vida pueden hacer que mi esperanza descarrile. Limpia el camino que tengo por delante, y dame la fortaleza para vencer los obstáculos y la sabiduría para evitar las distracciones.

Tu sabiduría me enseña a mantener mi enfoque asentado plenamente en la línea de meta, en alcanzar el día del juicio en rectitud delante de ti. El día de tu venida y el día en el que finalmente establezcas el reino prometido es el verdadero punto de enfoque de todas tus obras en la tierra, así que dame la fuerza de enfoque que sea conforme a la tuya para que pueda mantener mis ojos en ese día y vivir según esta esperanza grande y cierta.

**¿Cuáles son algunas de las piedras que se interponen en tu camino, haciendo que sea difícil enfocar plenamente tu atención en el Señor?**

# APODÉRATE DE MI CORAZÓN

Así que, sigamos lo que contribuye a la paz
y a la mutua edificación.
ROMANOS 14:19, RVC

Mi Señor, tú has dejado claro que tendremos problemas y dificultades en esta vida, pero podemos estar seguros de que tu descanso y tu paz están en camino. Es seguro y es algo que no será derribado, así que empodérame para perseguirlo y para prepararme para ello. Lléname de sabiduría y entendimiento para que pueda animar a otros y ayudar a edificarlos en fortaleza y esperanza, para que todos corramos esta carrera juntos.

Padre, espero que enciendas mi imaginación y me llenes de asombro con respecto a las promesas que has hecho. Dame un cuadro claro de la majestad que traerás contigo cuando regreses, y deja que eso inspire en mí devoción para proseguir en medio de la prueba más difícil. Magnifica el asombro de tu gran nombre, para que mi corazón se sitúe en consonancia con el tuyo. Lléname de una seguridad gozosa por tu fidelidad.

**¿Qué es eso que Dios quiere para apoderarse de tu deseo y anhelo?**

# DEMASIADO

"Vengan a mí todos los que están cansados y llevan cargas pesadas, y yo les daré descanso".

MATEO 11:28, NTV

Gracias, oh gran Rey, por ofrecerme tu mano de paz y comunión, y por ofrecerme tomar parte en tu glorioso reino. Estoy alegre de que me hayas considerado, y aunque mis pensamientos siempre han estado muy centrados en mí en esta vida, tú me presentaste una oportunidad para convertirme en algo más que eso. Estoy agradecido de que desearas reconciliarte conmigo y extenderme misericordia.

Veo que eres un buen proveedor y un fuerte protector. Tu protección será un escudo de las cosas que me desgastan y me cansan. Seguiré tu camino de justicia en lugar de mi propio entendimiento. Anhelo el descanso que tienes preparado para mí. Confiaré en ti y me pondré a tu disposición para hacer tu voluntad. Tú eres mi Rey, y te doy honor.

**¿Qué puede ayudarte a aliviar el estrés y las cargas de tu vida?**

# AUTODISCIPLINA

Ya se acerca el fin de todas las cosas. Por eso,
sean ustedes juiciosos y dedíquense seriamente a la oración.
1 PEDRO 4:7, DHH

Padre, cuando Jesús fue al huerto antes de su crucifixión, les dijo a sus discípulos que se quedaran despiertos y oraran para que no cayeran en tentación, porque Él sabía que estaba a punto de ocurrir algo muy difícil. La noche a menudo parece más oscura justo antes de que la luz comience a aparecer. Que tu Espíritu Santo me dé la sabiduría y el entendimiento para mantenerme despierto a medida que se acerca el tiempo de tu venida. Enséñame el autocontrol que evite que me distraiga con los deseos del mundo, para que pueda buscar continuamente tu fortaleza y tu ánimo, sin los cuales no sería capaz de terminar la tarea de crecer en justicia.

Fortalece mis puntos débiles según tu Espíritu, de modo que tu poder fluya a través de mí para sostenerme en mi mayor necesidad, y ayúdame a dar un testimonio apropiado a otros. Gracias por compartir tus deseos y tu voluntad conmigo a través de tu Espíritu.

**¿Cómo te ayuda el autocontrol a estar vigilante a medida que se acerca el regreso de Jesús?**

# RENDIR CUENTAS

Como el hierro se afila con hierro,
así un amigo se afila con su amigo.
PROVERBIOS 27:17, NTV

Gracias por la comunión de creyentes que me has provisto,
Padre. Es bueno entrenar junto a otros que también buscan
entrar en tu reino. Ayúdame a consolar y apoyar a mis
hermanos para que aprendamos a vivir en justicia. Dame
la gracia para desafiar y para recibir instrucción de otros,
porque tú nos has dado nuestras amistades para edificarnos
juntos según la imagen de Jesús.

Que mis interacciones con otros no sean condenatorias o
duras, para que sean edificados y no se sientan atacados o
avergonzados, alejándolos así de tu bondad y misericordia.
Ayúdame a vendar las heridas en vez de causarlas o
aumentarlas, porque tu corazón para nosotros también es
bueno.

**¿Cómo funciona el afilar de manera amistosa,
hablando de forma práctica en tu vida?**

# SÉ VALIENTE

Y él le dijo: «Ven». Entonces Pedro salió de la barca
y comenzó a caminar sobre las aguas en dirección a Jesús.
MATEO 14:29, RVC

Mi Señor, oro para que me fortalezcas y me alientes.
Lléname de confianza con respecto a tu soberanía, y de fe
para saber que eres el restaurador del mundo. Tú me harás
fuerte para soportar la mayor oposición, y seré capaz de
vencer los obstáculos más difíciles. Ayúdame a entrenar mis
ojos en la esperanza de tus promesas y la verdad de tus
poderosas obras, y perseveraré en caminar hacia ti.

Confío en que tu Espíritu me llene de sabiduría y autocontrol
para seguir el camino que has puesto delante de mí y para
correrlo con perseverancia. Por tu gracia, no me cansaré de
hacer el bien o me distraeré con las tentaciones del mundo.

**¿Cuáles son un par de áreas que podrías fortalecer a
fin de vencer?**

# SIN DESESPERAR

Muchas son las angustias del justo,
pero el SEÑOR lo librará de todas ellas.
SALMOS 34:19, NVI

Mi Señor, tú eres mi torre fuerte, y confío en que tú me librarás y restaurarás. Sé que establecerás justicia en la tierra en tu sabiduría y tu tiempo, y no seré avergonzado debido a mi fe. Puedo soportar muchas dificultades en esta vida anticipando con esperanza tu venida, porque sé que cumplirás todas las promesas que has hecho. Tú darás paz a tu pueblo y tu bendición fluirá a las naciones.

Gracias por enseñarme y darme entendimiento de tus caminos para poder mantenerme firme en la esperanza de tu salvación. Tus planes son fantásticos y asombrosos en su genialidad y sabiduría; me maravillo ante la complejidad con la que entretejes tus propósitos en cada acción. Hasta el amanecer de ese día, concédeme tu paz y tu gozo por tu gloria.

**¿Por qué crees que Dios te libera de algunos problemas pero no de todos?**

# MÁS ALLÁ DE LA RAZÓN

¿Qué podemos decir acerca de cosas tan maravillosas como estas?
Si Dios está a favor de nosotros
¿quién podrá ponerse en nuestra contra?
ROMANOS 8:31, NTV

Mi Señor, te pido permiso para estar en la asamblea de los justos. Te prometo mi lealtad, mi Rey, y deseo que me consideres uno de tus embajadores, extendiendo las buenas noticias de tu regreso a toda la gente de la tierra.

Las naciones hacen guerra contra tu sabio gobierno y odian el mensaje de paz que ofreces, y tus embajadores son atacados y reciben abusos por causa de tu nombre. Aun así, tú no dejarás que me avergüencen. Tú me das vida eterna. Fortaléceme con este conocimiento. Que se asiente profundamente dentro de mi alma, y que sea capaz de hablar con convicción sobre ti.

**¿Qué sería eso que podría derrocar la certeza de tu participación en la victoria de Dios?**

# RENDIDO

Lo que deberían decir es: «Si el Señor quiere,
viviremos y haremos esto o aquello».
SANTIAGO 4:15, NTV

Padre, rindo mis esperanzas y mis sueños a ti, y someto a tu soberanía los pasos de mi camino. Sé que todo lo que has ordenado es correcto y veraz, y todos los sueños que tengo que sean conforme a tu voluntad, tú me los concederás. Permíteme aprender del ejemplo de Abraham y no intentar entrar en el papel de cumplir mi propia visión; al igual que David, deseo esperar en ti y esperar que me liberes para llevarme a lo que has prometido.

Confiaré en tu sabiduría, y esperaré el día de tu decisión. Viviré mi vida con tu permiso y entendiendo que, si deseas algo distinto a los pasos que doy, me someteré a ellos como tú me muestres. Haz lo que quieras en el camino de vida que tomo, y enderézalo delante mí conforme a tu voluntad.

**¿Alguna vez has querido ayudar a Dios a cumplir sus promesas?**

# ACÉRCATE

Y él da gracia con generosidad. Como dicen las Escrituras:
«Dios se opone a los orgullosos pero da gracia a los humildes».

SANTIAGO 4:6, NTV

Padre, me postro ante ti, el Rey de todo el universo. ¿Quién
soy yo para que me consideres? Decido confiar en ti y en
tu soberanía, y abandonar mi propia sabiduría. Reconozco y
entiendo que la forma en que veo el mundo y las decisiones
que tomo no están alineadas con lo que es mejor, ni con lo
que tú quisiste para la creación. Dejo a un lado mi sabiduría
y pongo mi esperanza y confianza en ti.

Señor, te pido tu buena voluntad. Oro para que me
concedas un lugar en tu reino aunque no tenga nada propio
que ofrecerte. Recibiré lo que me des, y me gozo en tu
gran misericordia. Glorioso Dios y Rey, sé exaltado en mi
corazón; sé exaltado en toda la tierra.

**¿Por qué Dios valora y exalta a los humildes? ¿Cuáles
son algunas maneras en las que tu propio corazón
sigue orgulloso para con Dios?**

# NOVIEMBRE

Dediquen siempre tiempo
a la oración,
y den gracias a Dios.

COLOSENSES 4:2, TLA

# HAY ESPERANZA

Tener esperanza te dará valentía.
Estarás protegido y descansarás seguro.
JOB 11:18, NTV

Oh Señor, a los que ponen su esperanza en ti les has prometido gran gozo y alivio de los problemas de esta vida. Mantenme en tu gracia según la obra de tu Espíritu Santo. Haz de mí el hombre que tú deseaste cuando estableciste el gobierno de la humanidad sobre la tierra.

Que actúe yo con compasión, misericordia y bondad con todos y con tu buena creación. Sé que no seré avergonzado en el día de dar cuentas, sino que tú levantarás mi cabeza. Que sea hallado como un buen siervo y fiel ante tus ojos, mi Rey, y encuentre refugio en la compañía de tu pueblo. Tengo confianza en ti, y pongo mi esperanza en tus justos decretos.

**¿Cuál es la esperanza que Dios ofrece a los que la aceptan?**

# ORA POR OTROS

Confiésense los pecados unos a otros y oren los unos por los otros, para que sean sanados. La oración ferviente de una persona justa tiene mucho poder y da resultados maravillosos.
SANTIAGO 5:16, NTV

Padre, te pido que me ayudes a mantener la unidad de tu cuerpo en la búsqueda de ti. Hazme estar al pendiente de compañeros siervos y mantenerlos en la primera línea de mis peticiones. Ayúdame a estar en la brecha por otros en sus debilidades, y a compartir mis propias debilidades con otros para que podamos estar juntos en la luz de tu gozo.

Que no entre la condenación en mi corazón por las luchas de mis compañeros, ni tampoco lástima, sino dame verdadera compasión para ponerme a su lado y darles el ánimo para soportar las tentaciones que todos enfrentamos. Tus maneras de crear compasión y carácter en tu pueblo son inexpresables en su belleza y eficacia. Que me someta verdaderamente a la bondad que deseas que muestre a otros.

**¿Has tenido un tiempo en el que no te sentiste apoyado en tus luchas? ¿Qué aprendiste sobre cómo ser un amigo para otros?**

# HASTA QUE LO HAGA

Pero lo cierto es que Dios me escuchó
y atendió a la voz de mi súplica.
SALMOS 66:19, RVC

Escucha mis peticiones, oh Dios, porque necesito tu gran poder y fuerza. Confío en ti y en toda tu provisión; por favor, no dejes que me avergüencen. Magnifica tu nombre ante mis ojos al sostenerme y levantarme. Estoy muy agradecido por tu bondad conmigo y porque me has dado tu atención. Oye mis peticiones de ayuda y cumple tu gran Palabra.

Establece justicia según tu sabiduría. Restaura a tu pueblo, sanando las heridas y devolviendo la vida a los muertos. Exalta tu nombre entre las naciones a medida que cumples tu fidelidad con tu pueblo del pacto. Suple mis necesidades. Crea en mí un corazón recto que no sea falso. Gracias por tu gran misericordia y por escucharme cuando clamo a ti.

**¿A qué oraciones presta Dios atención y las contesta?**

# NO ESTÁS SOLO

Luego Dios el SEÑOR dijo: «No es bueno que el hombre esté solo.
Voy a hacerle una ayuda adecuada».
GÉNESIS 2:18, NVI

Señor, tú has visto mi necesidad de compañía. Te doy gracias por los amigos y la familia que me has dado. Toda la tierra está llena de personas porque tú deseaste un pueblo hecho a tu propia imagen que pudiera interactuar contigo. Tú has provisto una manera para que aumentemos, y así lo hemos hecho. Gracias por proveer tantas personas diferentes con las que puedo interactuar. Ayúdame a verlas. Ayúdame a conectar realmente con los demás y no simplemente a ser indiferente.

Abre mi corazón y mis ojos a lo que ellos necesitan, a lo que están sintiendo. Dame tu visión divina para ver sus corazones, y dame sabiduría para saber cómo servirles y levantar su ánimo. Que sea yo una bendición para otros, y que ellos sean una bendición para mí. Ayúdanos a vivir en unidad y paz.

**¿A quién te ha dado Dios como compañía hoy?**

# LA REGLA DE ORO

Haz a los demás todo lo que quieras que te hagan a ti. Esa es la esencia de todo lo que se enseña en la ley y en los profetas.
MATEO 7:12, NTV

Padre, lléname de tu compasión y empatía por toda la gente según la fe en tus grandes promesas. Tú has prometido restaurar a los que viven sin egoísmo y con actitudes de servicio hacia otros, no buscando su propia exaltación a costa de otros. Este es el corazón de todos tus deseos para la humanidad en la tierra.

Ayúdame a vivir según este entendimiento, creyendo que suplirás todas mis necesidades. Sé que no tengo que aprovecharme de los demás para proveer para mí mismo. Tú me has liberado para amar a otros con justicia y fidelidad. Tú has abierto el camino para que tu cuidado y compasión lleguen a toda la tierra. Que cumpla tu voluntad tal y como la has establecido en la ley y los profetas. Sé glorificado en su cumplimiento.

**¿Es la regla de oro un nuevo mandamiento de Jesús?**

# QUE REINE EL AMOR

Sobre todo, vístanse de amor,
lo cual nos une a todos en perfecta armonía.
COLOSENSES 3:14, NTV

Señor, tú eres fiel a tu pueblo, no estando dispuesto a dejarlos de lado o abandonarlos. Tú eres diligente en cumplir tus obligaciones con gozo y generosidad. Tu fidelidad es el corazón del amor, porque tú te obligas voluntariamente con tu pueblo y después nunca retrocedes de tus juramentos. Tu fidelidad a tus pactos de paz son el corazón de lo que produce estabilidad en tu reino, porque si no amaras a tu pueblo de esta forma, nadie podría estar delante de ti.

Tú eres cuidadoso y compasivo, misericordioso y amable, y tu fidelidad une todo esto dándonos la capacidad de confiar en ti y de entregarnos verdaderamente a ti. Señor, quiero ser como tú para el resto de las personas. Que esa sea la característica principal de mis relaciones. Deseo amar fielmente y apoyar a mis hermanos para que todos estemos juntos en nuestra búsqueda del día de tu justicia.

**¿De qué forma el amor es el vínculo perfecto de la unidad?**

# SOY TUYO

No he venido a llamar a los que se creen justos,
sino a los que saben que son pecadores y necesitan arrepentirse.
LUCAS 5:32, NTV

Cuando considero mis raíces, Dios, y pienso de dónde vengo, me conmuevo y me lleno de gozo por tu benevolente oferta de paz. Tú no has considerado mi herencia como algo que me descalifique de tu oferta, sino que me has dado la oportunidad de ser parte de tu familia. Aunque no soy nada y mis caminos han sido mundanos e indignos para ti, me alejo de ellos y te busco.

Gracias por tu misericordia; gracias por tu bondad; gracias por tu compasión. Que no vuelvan a ti vacías sino que produzcan una cosecha de personas que voluntariamente se vuelvan a ti en busca de su apoyo y provisión. Aunque la corrupción es grande, tú estás decidido en tus esfuerzos por cambiar la mente de los malvados. Por causa de ellos, humilla a los que piensan inadecuadamente que son justos. Rebaja la arrogancia de los orgullosos. Sé glorificado en toda la tierra, Dios.

**¿A qué tipo de persona anhela Dios llamar como propia?**

# BIEN MAYOR

Conocemos lo que es el amor verdadero, porque Jesús entregó
su vida por nosotros. De manera que nosotros también tenemos
que dar la vida por nuestros hermanos.

1 JUAN 3:16, NTV

Oh Señor, tú has mostrado una gran compasión al enviar
a tu Hijo a morir como un mero humano. Él experimentó
la vida como el resto de los mortales, y como nosotros, no
quería perder la vida que le habías dado. Sin embargo, Él se
sometió voluntariamente a la muerte de cruz para proveer
una sustitución del castigo que merecemos, para que tú nos
ofrecieras la paz que no merecemos. Él nos dio el ejemplo
de una vida dedicada a tu servicio, Dios.

Que no ame yo mi vida tanto como para apartarme de
sufrir por mis hermanos. Dame el valor para resistir ante la
dificultad por causa de tu nombre y para ofrecer apoyo a
tu pueblo. Amo la vida; no quiero morir, pero con tu apoyo
y tu ánimo, sacrificaré lo que me has dado por causa de mi
prójimo. Señor, edifica en mí este valor y fortaleza, para que
esté preparado para actuar en justicia al margen de lo que
venga.

**¿Cómo te fortalece Dios para que ames plenamente a
otros?**

# Y SI...

No se inquieten por lo que van a comer o lo que van a beber.
No se preocupen por esas cosas.
LUCAS 12:29, NTV

Gran Dios y Rey, tú has creado todas las cosas y continúan porque tú las sostienes. Tú estableciste el sistema mediante el cual la tierra produce y reproduce comida y agua, y has establecido los diversos ciclos de las estaciones y los años. Tú tienes las llaves del orden cósmico en tus manos. ¿Cómo puedo tener miedo de que no me vayas a sostener a mí?

Padre, mi temor a la muerte y el sufrimiento me puede llevar muy fácilmente a seguir la tentación de buscar la gratificación inmediata de las ofertas del mundo, pero fortalece mi corazón contra este temor para que me mantenga firme y lo venza. Jesús enseñó que no debería tener miedo de que alguien pudiera matarme pero que no tenía más poder sobre mí después de eso, sino que temiera al único que tenía el poder de enviarme a la destrucción eterna. Contrariamente, honraré al que tiene el poder de resucitar mi cuerpo muerto y restaurar la vida a mis huesos. Confiaré en tu provisión, y confiaré en ti cuando me falte provisión, porque tú eres el Rey todopoderoso del mundo.

**¿Cómo respondes en esos momentos en los que te falta lo que necesitas?**

# SOLO DECIDE

Manténganse siempre en estado de alerta,
pero confiando en Cristo. Sean fuertes y valientes.
1 Corintios 16:13, TLA

Afirma mis ojos correctamente en el día de tu gloria, majestuoso Señor. Enfoca mis deseos y mi voluntad de lleno en el tiempo de la restauración. Fija mi corazón firmemente con anticipación de tus promesas. Mantenme consciente del hecho de que las obras del Espíritu Santo que veo tienen la intención de ser señales de ánimo de la obra que cumplirás en su debido tiempo, para que no me enamore perdidamente de ellas y me vuelva a buscar las señales con más devoción que ese día.

Tú has dado tu Espíritu, señales y prodigios, maravillas y profecías, para fortalecer mi decisión y para ayudarme con el valor que necesito para soportar los problemas del mundo. Ellos son un regalo poderoso y hermoso. Que nada me distraiga o atraiga mi atención para buscar el cumplimiento de este día presente, sino que siempre ponga mi mirada en tu cumplimiento futuro de toda justicia.

**¿Cómo te mantienes firme en tus decisiones para no vacilar?**

# VIDA DE
# BENDICIONES

¡Gracias al Dios de tu padre, que te ayuda! ¡Gracias al
Todopoderoso, que te bendice! ¡Con bendiciones de lo alto!
¡Con bendiciones del abismo! ¡Con bendiciones
de los pechos y del seno materno!
GÉNESIS 49:25, NVI

Reboso de gozo por las bendiciones que tienes preparadas
para mí, Dios, aunque tan solo sea tu humilde siervo.
Desciendo de naciones que se rebelaron contra ti y se
unieron a tus enemigos para traer la maldad a la tierra,
pero tú has querido darme paz y extender tu refugio
de protección sobre mí. Tú me tratas como si hubiera
pertenecido a tu familia desde el día que fui concebido. Tú
me amas y me entrenas según tu sabiduría para que viva
para siempre. Me llenas con toda cosa buena que pueda
resultar en justicia en mi carácter delante de ti.

Que tu reino sea establecido, Dios. Que tus bendiciones
fluyan a tus hijos. Produce alimento extravagante y riqueza
y belleza en la tierra, para que el mundo no sufra más la
vanidad de la sequía y la hambruna. Exalta tu nombre, Dios,
para que sea magnificado en toda tribu, lengua y nación.

**¿Cómo te anima la provisión de Dios en esta vida en tu
caminar de fe?**

# TÚ PERMANECES

Jesucristo es el mismo ayer, hoy y siempre.
HEBREOS 13:8, NTV

Oh Señor, tú eres firme y veraz; tú no cambias con las épocas o con los vientos. Tu mensaje no evoluciona con las culturas o con el avance humano. Tú has sido el mismo desde el día que creaste los cielos y la tierra hasta hoy, y tu fidelidad continuará para siempre. Puedo contar contigo porque tú no cambias según tu antojo. Tus promesas son sí y amén, y nunca serán cambiadas. Tus promesas de bendición se cumplirán.

Quiero ser como tú en tu fidelidad; ayúdame a reflejar tu carácter firme. Que me vuelva a la justicia y no sea hipócrita en mis acciones hacia ti. Quiero ser fiel a tu gobierno en mi vida, así que fijo mi corazón firmemente hacia ti. Según tu amor firme, líbrame de la duda y la incertidumbre en mi corazón que me hacen titubear en mi caminar contigo y dirigir mi atención a cosas indignas que podrían desviarme de mi caminar contigo. Tú eres mi apoyo fuerte y firme, y confío en ti.

**¿Qué importancia tiene la fidelidad de Dios en tu caminar de fe?**

# HAS DE ESCOGER

Cuando el pueblo se enteró de la decisión que había tomado el rey, todos en Israel quedaron admirados porque reconocieron la sabiduría que Dios le había dado para impartir justicia.

1 REYES 3:28, NTV

Dame discernimiento para reconocer y entender cosas que parecen ocultas, Dios. Necesito tu inteligencia y sabiduría para vivir rectamente delante de ti y para servir a otros con autenticidad y sin engaño. Ayúdame a tomar decisiones sabias según tu sabiduría y entendimiento. Tú me has hecho ser una persona determinada para poder gobernar mis áreas de influencia con compasión y cuidado genuinos, para saber qué acciones hay que tomar para cumplir verdaderamente tus deseos.

Ayúdame a no tomar decisiones meramente según las apariencias superficiales de una situación, sino ayúdame a discernir la manera de determinar los pasos de acción correctos. Entréname para ser un buscador de la verdad, Dios, que ama bien y escoge correctamente. Estoy alegre de verte honrado en mi vida. Enséñame tus caminos rectos y guíame en sabiduría.

**¿Cómo aprendes de Jesús para dejar de juzgar por las meras apariencias y hacer juicios correctos?**

# AL DESCUBIERTO

Los que encubren sus pecados no prosperarán,
pero si los confiesan y los abandonan, recibirán misericordia.
PROVERBIOS 28:13, NTV

Padre, vengo al descubierto delante de ti y no te escondo nada. Como mi diseñador y el que me formó, tú me conoces y sabes lo que me motiva incluso mejor que yo. Me apropio de lo que soy delante de ti y te confieso lo que tú ves. No intentaré evadir mis acciones a otra persona ni culpar a las circunstancias por lo que he hecho. Tu misericordia y favor conmigo son suficientes para darme la fuerza para reconocer mi carácter y cómo he corrompido la persona que tú querías que fuera.

Gracias por tu ofrecimiento de paz que me da la fuerza para alejarme de mis intentos de preservarme y exaltarme a mí mismo según mis propios pensamientos y deseos. Confieso y reconozco las maneras en que he transgredido tu justicia. Tú no has dado mandamientos porque quieres condenarme. Según tu Espíritu Santo, cambia mi mente y conforma mi voluntad y mis deseos para que se alineen con tu corazón. Gracias por darme la oportunidad de ser redimido plenamente.

**¿Cómo consigue hacer que salgas de tu escondite el ofrecimiento de paz de Dios?**

# LA FAMILIA ES IMPORTANTE

Pues, si un hombre no puede dirigir a los de su propia casa,
¿cómo podrá cuidar de la iglesia de Dios?
1 TIMOTEO 3:5, NTV

Gracias por mi familia, Padre, y por darme tal oportunidad
de vivir en compañía de otros. La manera en que nos
creaste para reproducirnos según cada especie es
destacable, y cómo crecemos juntos en relación unos con
otros es fantástico. Señor, tú has establecido estos vínculos
para fomentar la humildad en nosotros, para aprender a
buscar lo que es bueno para el otro y no simplemente tener
ambiciones egoístas. Tú nos has dado sabiduría sobre cómo
disciplinarnos y entrenar a nuestros hijos en justicia.

Ayúdame a comprometerme fielmente a aprender de tu
Palabra. Que me someta humildemente a tu sabia instrucción
en lugar de actuar como si yo supiera más. Tú me has dado
estas relaciones para ayudar a moldear mi carácter justo si
me someto al proceso. Tú eres muy compasivo en la manera
que has establecido de llevar a cabo nuestra salvación,
dando un medio de gozo incluso en las pruebas que vienen.
Ayúdame a aceptar el desafío con compromiso y a cuidar
fielmente de la familia que me has dado.

**¿Cómo son tus relaciones con los miembros de tu
familia?**

# CELEBRA LA PERFECCIÓN

¿Por qué me llamas bueno?—preguntó Jesús—.
Solo Dios es verdaderamente bueno.

MARCOS 10:18, NTV

Dios, quiero emularte. Necesito a tu Espíritu Santo para que transforme verdaderamente mis caminos y cambie mis deseos para conformarlos con las buenas cosas que has establecido, para amar fielmente como tú lo has hecho, para mostrar misericordia diligentemente según tu imagen, para dar generosamente incluso a los que me odian. Tú eres el Dios justo y verdadero de toda la creación. Todos los demás solo han sido pretendientes que han querido robar la devoción que tú mereces. Han pervertido tus caminos y han corrompido el mundo, para que todo el mundo esté motivado por las ambiciones egoístas y el deseo de amasar poder y riqueza sin importar quién resulte dañado en el proceso.

Tus caminos siempre son compasivos y están llenos de servicio a todos para beneficio de los demás. El que hace de este su camino, recibirá honor y el privilegio de servir más. Tú das generosamente al que da generosamente. Que seas plenamente honrado en tus buenas acciones y carácter. Que yo te pueda honrar emulándote.

**¿Cuál es la definición de bondad en el diccionario de Dios?**

# AMIGO DE DIOS

Hay amigos que llevan a la ruina,
y hay amigos más fieles que un hermano.
PROVERBIOS 18:24, NVI

Señor, tu sabiduría llena toda la tierra, y no has dejado nada sin tocar. Gracias por proveerme de un amigo que ha experimentado todo lo que experimentan los hombres, que entiende las tentaciones de esta vida, que ha soportado las pruebas más profundas, y que me ha llamado y me ha ofrecido su apoyo.

Tú has prometido que Él vendrá otra vez, y sin duda no me dejará sin esperanza. Él no abandonará a tu pueblo en los tiempos difíciles sino que resistirá con ellos, animándolos y restaurándolos en su tiempo de necesidad. Qué bueno es ser conocido como un amigo de Dios y ser llamado conforme a su nombre. No tendré miedo en los días de la prueba, porque puedo confiar en la fidelidad de mi amigo que es más fiel incluso que un hermano.

**¿Cómo has sido bendecido de tener a Dios como tu amigo?**

# GRACIAS

Ya que estamos recibiendo un reino inconmovible,
seamos agradecidos y agrademos a Dios adorándolo
con santo temor y reverencia.
HEBREOS 12:18, NTV

Poderoso Dios, cómo te agradezco las muchas maneras en que me has sostenido. Tú me has hecho continuar en tiempos de dificultad y prueba, y no te has olvidado de mí. Tú me das lo que necesito en el momento adecuado, y me das a conocer tus caminos cuando te pido sabiduría. Tú eres el que gobierna toda la creación, y nada torcerá los planes que has establecido.

Tú vienes pronto con tu recompensa, y restaurarás la creación, liberándola de la maldad y del pecado que has permitido que perdure temporalmente. Gracias por no abandonarme al mundo. Gracias por levantarme aún cuando yo no lo merecía.

**¿Qué crees que significa que tenemos un reino inconmovible?**

# SIEMPRE CON ESPERANZA

La oración de fe sanará al enfermo, y el Señor lo levantará
de su lecho. Si acaso ha pecado,
sus pecados le serán perdonados.
SANTIAGO 5:15, RVC

Oh Señor, estoy maravillado del poder que tiene la fe
para acercarnos a todos a ti y asegurarnos una esperanza
inimaginable. Lo que nos has pedido es algo muy
sencillo: solamente confiar en ti y creer que cumplirás
diligentemente tus promesas. Una tarea muy sencilla, y a
la vez muy poderosa. Tal conocimiento y creencia pueden
transformar nuestra vida, pueden cambiar nuestra mente
y nuestros deseos, pueden infundir valor en el temor y
fortalecer al débil que está listo para caer en las tentaciones
del mundo.

Lléname incluso más de esta fe para confiar en ti. Creo, oh
Señor, ayuda mi incredulidad. Te pido que tu Espíritu Santo
me llene para que rebose de un gozo y paz que el mundo
no puede entender. Mi esperanza siempre estará puesta en
ti, ¡oh gran Rey!

**¿Es la oración de fe meramente una fe para la sanidad
de la enfermedad?**

# GRACIAS MERECIDAS

Y todo lo que hagan o digan, háganlo como verdaderos seguidores del Señor Jesucristo, y denle gracias a Dios el Padre por lo que Cristo ha hecho por ustedes.

COLOSENSES 3:17, TLA

Padre, lléname de un mayor entendimiento de la obra de Jesús y el ejemplo que ha establecido para una vida justa. Él vivió delante de ti de la forma que tú siempre has deseado que vivan los hombres: con confianza, autocontrol, con justicia pero con misericordia, cuidado, compasión, y capaces de animar e instruir a otros. Él fue compasivo hasta el punto del sacrificio, según tu propio carácter.

Gracias por la forma en que has magnificado tu nombre mediante la obra de Jesús en la tierra. Tú eres un Rey digno por la manera en que provees todas las cosas a tu pueblo. Te exalto por tu bondad y amor. Que todo el mundo te dé gracias.

**¿Qué cualidad de la vida de Jesús te impresiona más?**

# QUÉ MEJOR REGALO

Y el Espíritu del SEÑOR reposará sobre él:
el Espíritu de sabiduría y de entendimiento,
el Espíritu de consejo y de poder,
el Espíritu de conocimiento y de temor del SEÑOR.
ISAÍAS 11:2, NTV

Gracias, Padre, por darme un ejemplo mediante el cual poder vivir. Jesús me ha mostrado lo que significa ser un hombre según la imagen que estableciste en el principio. Tú lo llenaste de tus esperanzas y tus promesas, y Él puso su esperanza firmemente en la vida eterna que pusiste ante Él. Por la sabiduría que le diste, pudo señalar la mundanalidad y llamar a la gente a alejarse de la maldad. Él reconoció los tiempos, y estaba totalmente comprometido con el propósito que le diste. Sus ojos estaban puestos plenamente en el reino que le prometiste, y se olvidó de todo lo demás en esta vida, incluso estando dispuesto a morir en una cruz.

¿Cómo puedo compensarte, Dios, por este magnífico regalo? Fortaléceme para seguir el ejemplo de Jesús y sacrificar mi propia vida en el camino que has puesto delante de mí.

**¿Cómo ha alineado Dios más tu entendimiento con su sabiduría?**

# EN BONDAD

Me diste vida, me favoreciste con tu amor,
y tus cuidados me han infundido aliento.
JOB 10:12, NVI

Oh Dios, mi Dios, qué maravillosos y asombrosos son tus buenas dádivas. Estaré siempre en deuda contigo por haberme dado vida y proveerme de sustento. Tú eres compasivo en todos tus tratos conmigo. Tu bondad llega a toda la tierra, porque tú has establecido tu creación en tu buena voluntad y según tu gran sabiduría.

Tu creación es asombrosa en su complejidad y en la forma que la has orquestado para que funcione para proveer todo lo que necesitamos. Tú has de ser exaltado y alabado. Magnifico tu nombre y me asombro de tus fenomenales obras. Tu bondad será conocida en todo el mundo.

**¿Cuáles son un par de maneras en las que puedes mostrar la bondad de Dios a otras personas hoy?**

# LA HUMILDAD DE JESÚS

Y echó agua en un recipiente. Luego comenzó a lavarles los pies a los discípulos y a secárselos con la toalla que tenía en la cintura.
JUAN 13:5, NTV

Dios, yo diría que has puesto de cabeza la práctica de la autoridad, pero en verdad, somos nosotros los que hemos corrompido todo el gobierno de la tierra. El mayor debe ser el siervo de todos, por eso has puesto el ejemplo en la vida de Jesús, quien llevó las cargas de su pueblo y vivió con el corazón de servicio con el que tú has llamado a la humanidad a vivir.

Tú, oh Señor, eres el mayor de los siervos y mereces la más alta alabanza y honor. No debemos buscar gloria y honor para nosotros mismos sino para bendecir a otros, y mostramos lo genuino que es ese deseo mediante nuestra disposición a morir por otros en lugar de preservarnos a nosotros mismos. Te pido que formes este deseo dentro de mí y me des la fortaleza para vivir sirviendo a otros.

**¿Cuál es la fuente de la humildad de Jesús?**

# TEN
# MISERICORDIA

Así que acerquémonos con toda confianza al trono
de la gracia de nuestro Dios.
Allí recibiremos su misericordia y encontraremos la gracia
que nos ayudará cuando más la necesitemos.

HEBREOS 4:16, NTV

Mi Señor y Rey, vengo a ti pidiéndote gracia para sostenerme hoy, para ayudarme a persistir haciendo el bien, y para seguir el camino que has puesto delante de mí. Necesito que tu Espíritu, que siempre está presente, me ayude dándome la voluntad para proseguir incluso en medio de la dificultad y la prueba.

Sé que eres bueno y misericordioso conmigo en estos tiempos, y tienes apoyo abundante para dar a los que claman a ti. Te doy gracias por tu gracia que me sostiene, la cual fortaleció a Jesús incluso en medio de su mayor prueba y le dio la capacidad de buscar tu propia voluntad en lugar de la suya propia. Te pido que esta gracia incluso ahora me mantenga en mi camino.

**¿Para qué debemos buscar la misericordia de Dios?**

# HECHO DE NUEVO

Crea en mí, oh Dios, un corazón limpio
y renueva un espíritu fiel dentro de mí.
SALMOS 51:10, NTV

Padre, a través de la obra de tu Espíritu Santo, te pido que me cambies y transformes mi voluntad y mis deseos para que se amolden a ti y a las cosas que has establecido como justas y buenas. Tú has creado todas las cosas y las hiciste buenas en el principio.

Renuévame, oh Señor, y ayúdame a buscar las cosas que has puesto para que las deseemos y disfrutemos. No me dejes sin un consejero, sino renueva tu Espíritu en mí. Que eso me lleve por el camino de justicia hasta el día de la limpieza y renovación. Sé glorificado en todos tus caminos, Dios; magnifica tu justicia en la tierra.

**Además del punto de que Dios debe ser obedecido, ¿cuál es la razón para renovar un espíritu recto en ti? ¿Qué propósito cumple eso en última instancia?**

# MILAGRO SUFICIENTE

¿Acaso nunca van a creer en mí a menos
que vean señales milagrosas y maravillas?
JUAN 4:48, NTV

Te exalto, mi Rey, porque has hecho cosas maravillosas en
la tierra, y has mostrado tu gran poder y lo irresistible de tus
obras. Aunque potestades en los cielos y reyes en la tierra
buscan desbaratar tus planes, tan solo refuerzan tus obras.
El testimonio de tus maravillas milagrosas hablan desde
todas las partes de la creación, e incluso más mediante la
forma en que has tratado justamente con tu pueblo.

Nadie será capaz de excusar su incredulidad, porque tú
has realizado poderosas obras en toda la tierra. Creo en
tu buena Palabra y confío en la certeza de tus promesas;
fortalece mi devoción a ti, y muestra tu poder. Es solo
mediante la humildad que las personas serán salvas.

**¿Qué propósito cumplen las señales y maravillas en los
corazones de la gente?**

# UN CAMINO A CASA

Y todo esto proviene de Dios, quien nos reconcilió consigo
mismo a través de Cristo y nos dio
el ministerio de la reconciliación.
2 CORINTIOS 5:18, RVC

Glorioso Dios y Padre, te exalto y magnifico porque has provisto un camino para cada uno de nosotros a fin de que seamos hallados dignos de salvación. Gracias por el gran regalo que nos has dado. ¿Cómo podríamos pagarte alguna vez por esta buena noticia que nos has dado? Aunque es imposible, me entregaré a ti y a la obra que has establecido para los que claman a tu nombre.

Que sea yo un testigo justo de tu bondad y amor fiel con cualquiera que me encuentre. Ábreme puertas para declarar tu generoso don para que otros puedan encontrar su camino de regreso a ti y reconciliarse contigo. ¡Mi corazón está rebosando de la bondad de tu misericordia conmigo! Oro para que tu voluntad sea cumplida en la tierra como has planeado.

**¿Cómo explicas la reconciliación a las personas que no conocen su significado?**

# SIN SENTIRLO

El de manos diligentes gobernará;
pero el perezoso será subyugado.
PROVERBIOS 12:24, NVI

Ayúdame a asentar mi voluntad firmemente en lograr la tarea que has puesto delante de mí, Señor. Tú me has llamado a purificar mis caminos y alejarme de las cosas corruptas, así que fortaléceme en el poder de tu Espíritu para perseguir persistentemente una vida recta ante tu trono. Ayúdame a discernir las cosas en mi vida que necesitan un ajuste, las que tienen que ser reforzadas, y las que tengo que abandonar.

Aunque tú provees tiempos de descanso, no permitas que me acomode debido a ese descanso sino continúa entrenándome con diligencia. Exalta tu camino delante de mí y fortaléceme para andar en tu senda de justicia, porque ese es tu deseo como se demuestra en la vida eterna que le diste a Jesús. Él no se cansó persiguiendo tu voluntad, ni se acomodó con respecto al camino que pusiste delante de Él. Que su ejemplo me sirva de inspiración.

**¿Qué te ayuda a motivarte a hacer lo que tienes que hacer cuando no quieres hacerlo?**

# ESPERÁNDOME

Ustedes necesitan perseverar para que, después de haber cumplido la voluntad de Dios, reciban lo que él ha prometido.
HEBREOS 10:36, NVI

Mírame favorablemente y dame la fuerza para seguir corriendo esta carrera de fe, Dios. Impúlsame hacia delante en este camino, y dame la resistencia mediante tu Espíritu Santo para terminar de forma victoriosa, sin haber regresado a los caminos del mundo y sin haber tropezado con las tentaciones que intentan apartarme. Levántame cuando titubee al arrepentirme y volver a ti. Mírame favorablemente para que no tengas en cuenta mis errores.

Ayúdame a terminar fielmente mi parte en hacer tu voluntad, y concédeme la recompensa que has prometido a los que perseveran: la salvación. Anticipo ver tu rostro esperándome en la línea de meta y el objetivo de mi fe. Espero en estas cosas para la gloria de tu gran nombre.

**¿Qué papel desempeña la perseverancia a la hora de moldear tu vida?**

# PRIMERO Y VERDADERO

No quieran ustedes ser como los pecadores del mundo,
ni tampoco hacer lo que ellos hacen.
Quienes lo hacen, no aman a Dios el Padre.

1 JUAN 2:15, TLA

Padre, desafía la imaginación el hecho de considerar cómo
será la eternidad contigo, porque estoy muy acostumbrado
a lo que hay actualmente aquí. Tus promesas son
magníficas, mucho mejores que la realidad en la que vivo.
Es difícil poner mi esperanza plenamente en esa imagen
porque parece muy fantástica, y por eso tiendo a volver a
estar complacido con este mundo.

Este mundo no es lo que tenías en mente cuando lo creaste;
ha sido maldito y está quebrado en muchos sentidos.
Amarlo es amar algo que tú no has querido. Lléname con tu
Espíritu, Dios mío, para que mis deseos se alineen con los
tuyos y pueda amar lo que tú amas. Deseo estar totalmente
dedicado a ti, y eso incluye interesarme por los planes que
has hecho y apoyar las cosas que has declarado. Ayúdame
a mantenerme fiel a ti como mi primer amor.

**En el fondo, ¿qué hace que algo sea una cosa del
mundo?**

# DICIEMBRE

El Señor está cerca de
quienes lo invocan,
de quienes lo invocan
en verdad.

Salmos 145:18, nvi

# HAZME SABIO

Dichoso el que halla sabiduría,
el que adquiere inteligencia.
PROVERBIOS 3:13, NVI

Señor, tú has dicho que, si quiero sabiduría, debería pedírtela. Tú das generosamente a quienes desean tus dones. Enséñame para que pueda entender el camino de tu reino, para que pueda conocer los planes que tú has establecido en tu sabiduría justa.

Dame sabiduría para vivir adecuadamente conforme a tu plan maestro; deseo transitar por el camino que has establecido. Tú has prometido bendición a quienes escogen tu senda y perseveran en ella hasta el final. Espero tu gran recompensa, y anhelo ser hallado aceptable ante ti.

**¿Qué conduce a la bendición en la sabiduría?**

# CADA VEZ CON MÁS BRILLO

Así, todos nosotros, que con el rostro descubierto reflejamos
como en un espejo la gloria del Señor, somos transformados
a su semejanza con más y más gloria por la acción
del Señor, que es el Espíritu.

2 CORINTIOS 3:18, NVI

Dios poderoso, renueva mi corazón y moldéame según
el carácter de Jesús. Tú creaste al hombre a tu imagen al
principio y, sin embargo, yo era corrupto en mi camino.
Transforma mi camino delante de ti. Mediante cada
experiencia que tenga, pule y elimina las manchas en mi
imagen, para que pueda brillar y reflejar la luz de tu bondad.

Hazme más como tú en todos los aspectos de mi vida, y
preséntame el día de tu regreso como el hombre que tú
querías que fuera, que muestra plenamente la imagen que
tú querías. Entonces veré tu rostro y contemplaré a mi Dios
en paz y gozo en lugar de hacerlo con temor a la muerte.
¡Sé exaltado y honrado en toda la tierra!

**¿Cómo está transformándote Dios a la imagen de
Cristo? Considera cómo realiza Él esa obra.**

# ESFUÉRZATE

Trabajen, pero no por la comida que es perecedera,
sino por la que permanece para vida eterna,
la cual les dará el Hijo del hombre.
Sobre este ha puesto Dios el Padre su sello de aprobación.

JUAN 6:27, NVI

Señor, tú has prometido proveer para todas mis necesidades. Has dicho que tú provees comida para las criaturas de la tierra y las aves del cielo, y sin duda lo harás también para mí que soy más valioso; por eso, ayúdame a confiar en que lo harás. Aparta mi enfoque de las necesidades diarias y de proveer para las cosas que tú has prometido dar, y ayúdame a apuntar hacia obtener tus buenas promesas: comida que nunca se acaba, salud, y vida eterna.

Ayúdame a enfocarme en tu voluntad, a dedicarme a trabajar hacia el carácter y la imagen que tú valoras. Dame la fortaleza y el aliento que necesito para cambiar las profundidades de mis motivaciones y deseos. Creo que tú has escogido exaltar a Jesús como tu Rey ungido, y que todas esas buenas promesas serán cumplidas.

**¿Cuál es el tipo de comida por la que te encuentras trabajando?**

# POR TU PALABRA

Por la fe entendemos que el universo fue formado por la palabra de Dios, de modo que lo visible no provino de lo que se ve.
HEBREOS 11:3, NVI

Padre, tu poder y tu fuerza me asombran. Soy atraído a la fidelidad que muestras y la lealtad que ofreces a tu pueblo. Tu carácter inspira el deseo de hacer y ser lo mismo en mi propia vida. Tu Palabra es verdad, y tú no la cambias. Has establecido tus caminos de justicia; has dado tus mandamientos justos.

Que pueda vivir en consonancia en la fortaleza del Espíritu que tú has derramado sobre mí. Magnifica tu nombre, oh Señor, conforme a tu grandeza y la majestad de tu trono. Exalta a los humildes de la tierra, como has prometido, y haz que el mundo sepa que nada fue creado sin que tú lo crearas. Tú lo ordenaste y fue hecho. Ayúdame a creer en lo que no puedo ver.

**¿Cómo continúas creyendo que el mundo fue creado por el mandato de Dios a pesar de las numerosas ideas que el mundo presenta?**

# GUIÁNDOME

Cuando te desvíes a la izquierda o a la derecha, oirás una voz
detrás de ti diciéndote: «Por ahí es el camino, sigue por él».
ISAÍAS 30:21, PDT

Guía mis pasos, Padre, y dirige mis sendas para que pueda
descansar en la seguridad de que estoy en consonancia
contigo y que no debo tener temor a tu ira. Necesito que tu
Espíritu siempre presente me muestre el camino, pues de
otro modo mis ojos pueden distraerse del premio que has
establecido y perseguir cosas que se obtienen con mayor
rapidez.

Guía mi corazón, Señor, y no me abandones. Tú eres el
Rey de toda la creación, y decido seguirte. Fortaléceme
para perseverar y no flaquear. Me humillo delante de ti y
reconozco mi debilidad; guía mis pasos. Anhelo el día en
que tú establezcas tu justicia, y espero ser restaurado como
un hombre recto, sano en todos mis caminos, y capaz de
alcanzar las metas que tú has establecido para mí.

**¿Te lleva alguna vez la guía de Dios a lugares difíciles
de prueba y lucha?**

# LIBRE PARA SERVIR

Vivan como gente libre, pero no usen su libertad como excusa
para hacer el mal. Vivan como siervos de Dios.
1 PEDRO 2:16, PDT

Antes de conocerte, todo lo que tenía era para preservarme
a mí mismo y buscar lo que me daría consuelo. Yo era el
único que miraba por mis intereses, y hacía lo que creía que
era mejor para asegurarme de estar cuidado, sin importar
cómo mis acciones afectaban a otros. Pero ahora, tú me
has ofrecido tu mano de amistad y has prometido ser mi
proveedor. Tú me has mostrado tu deseo de proveer en
abundancia más de lo que podría imaginar, y me has hecho
libre para servir y considerar a los demás en justicia.

Ya no estoy atado a buscar mi propia satisfacción; ya no
estoy atado a mis maneras fútiles de proveer para mis
necesidades. Tengo como mi Señor soberano al gran Dios
y Creador de los cielos y la tierra; tú me has liberado de la
esclavitud a la ambición egoísta. Que mis acciones reflejen
ahora tu amor y compasión por los demás mientras confío
en tu provisión.

**¿Qué es libertad completa?**

# UN DON INDESCRIPTIBLE

¡Gracias a Dios por este don que es tan maravilloso
que no puede describirse con palabras!
2 Corintios 9:15, ntv

Padre, tú eres mi proveedor y la fuente de todo lo que necesito. Gracias por edificar un espíritu generoso en tu pueblo mientras aprendemos a seguirte a ti en tu generosidad. Ayúdame a dar voluntariamente y con alegría para ayudar a sostener a mis hermanos cuando tengan necesidad, sea lo que sea. Sé que esa es la mejor manera de reflejar mi apreciación de tu generosidad, porque tú no me diste por causa de mí mismo, sino para que pudiera aprender a cuidar de otros.

Tus caminos son asombrosos, Señor, porque tú provees para las necesidades corporales de otras personas a la vez que también provees una oportunidad para que otros edifiquen carácter. Tus caminos son siempre multifacéticos y asombrosamente maravillosos. No tengo palabras para describir tu generosidad y compasión hacia mí, y siento que aún no he llegado a una comprensión plena de lo que tú has hecho. Me alegra que me hayas dado la oportunidad de aprender más de tus asombrosos caminos.

**¿Cuál es el don indescriptible de Dios?**

# YA NO MÁS TRISTEZA

Él les secará toda lágrima de los ojos, y no habrá más
muerte ni tristeza ni llanto ni dolor.
Todas esas cosas ya no existirán más.

APOCALIPSIS 21:4, NTV

Me asombra la maravilla de tu bendición prometida, Dios mío. Mi paciencia se agota en anticipación de tu regreso y el logro de la renovación de la tierra, haciéndola como había sido en el principio. Gracias por tu Espíritu Santo, que ayuda a enseñarme paciencia y perseverancia para esperarte con diligencia, pero también guía mi corazón a clamar a ti para que apresures tu regreso.

Por causa de tu pueblo, oh Señor, ven pronto y pon fin al derramamiento de sangre y la violencia, a la tristeza y el llanto, a las necesidades no suplidas y las amistades perdidas. Tu misericordia hacia la humanidad es grande, y tus planes están logrando para nosotros una cosecha maravillosa de vida recta y vida eterna. Es bueno considerar el consuelo que tú me darás en el día de tu regreso, las reuniones y los festejos, las danzas y el gozo. Mantén mi enfoque firmemente y completamente en el día de tu regreso, para que esté preparado para recibirte cuando vengas.

**¿Cuán enfocado estás en la promesa de la restauración de Dios?**

# HIPOCRESÍA

¡Hipócrita!, saca primero la viga de tu propio ojo, y entonces verás con claridad para sacar la astilla del ojo de tu hermano.
MATEO 7:5, NVI

Padre, te pido que examines las profundidades de mi corazón y mis motivaciones para desarraigar y limpiar toda maldad y todas las cosas egoístas. Purifica mis motivaciones y mis deseos, para se conformen a los tuyos. Sé mi ejemplo en acción y en espíritu, para que mis obras estén en consonancia con los planes que tú deseas. Que mis acciones sean sin hipocresía, y que fluyan genuinamente de un corazón que busca agradarte y confiar en ti.

Revélame dónde actúo inapropiadamente con ambición egoísta, y reenfoca mi mirada en el día de tu gloria. Deseo que tu nombre sea exaltado en la tierra, y que tu trono sea honrado por todos. Mis rodillas se inclinarán a ti, y no buscaré frustrar tus planes para mis propios propósitos. Que las motivaciones de mi corazón se alineen sinceramente con mis palabras al glorificarte. Gracias por amarme como un hijo, para que sea íntegro delante de ti.

**¿Cómo luchas contra tu propia hipocresía personal?**

# LLÉVAME MÁS PROFUNDO

Así que dejemos de repasar una y otra vez las enseñanzas elementales acerca de Cristo. Por el contrario, sigamos adelante hasta llegar a ser maduros en nuestro entendimiento. No puede ser que tengamos que comenzar de nuevo con los importantes cimientos acerca del arrepentimiento de las malas acciones y de tener fe en Dios.

HEBREOS 6:1, NTV

Mi Señor y Dios, te pido que me enseñes tus caminos y me guíes en entendimiento. Muéstrame la profundidad de tu visión para el mundo. Ayúdame a entender la justicia que tú deseas, los actos de personas justas, y cómo interactúan con lo que tú has diseñado para la creación restaurada. Sé que tú eres el Dios que restaurará todas las cosas.

Muéstrame lo que produce una mente transformada en tu reino. Enséñame las profundidades del autosacrificio y el servicio humilde en tus planes. Gran parte de la corrupción de esta vida es un resultado de la arrogancia, la autopreservación, y la autopromoción. Infunde en mí tu bondad. Ayúdame a vivir mi vida anticipando el día en que viviré contigo para siempre.

**¿Qué crees que constituye el llegar a ser maduro en tu entendimiento de Cristo?**

# NO TARDA

El Señor no tarda en cumplir su promesa, según entienden
algunos la tardanza. Más bien, él tiene paciencia con ustedes,
porque no quiere que nadie perezca,
sino que todos se arrepientan.

2 Pedro 3:9, nvi

Me asombra tu gran sabiduría y perspectiva de los asuntos
de los hombres, Señor. Tú ves la injusticia en la tierra y la
aborreces más que nadie; sin embargo, sigues esperando.
Tú ves la arrogancia de las personas y el modo en que
presumen delante de ti; sin embargo, sigues esperando. Tú
has mostrado paciencia hacia la conducta de la humanidad
mucho más de lo que nadie podría imaginar, y sin embargo,
sigues esperando.

Tu amor por tu creación se extiende también a las personas
que has creado a tu imagen. Has sacrificado el bienestar
de la creación a fin de crear circunstancias que causarían
que muchos se alejen de su arrogancia, dándonos mucho
tiempo para que todos te demos nuestra lealtad a ti, para
que tú pudieras restaurarnos a todos. Señor, aunque
anhelo ver establecida tu justicia y que prevalezca, estoy
agradecido a ti por tu paciencia que me dio la oportunidad
de alejarme del mundo.

**¿Cuál debería ser la naturaleza de tu actividad en el
mundo, a la luz de la paciencia de Dios?**

# PAZ EN LA TIERRA

«Gloria a Dios en el cielo más alto y paz en la tierra
para aquellos en quienes Dios se complace».
LUCAS 2:14, NTV

¿Qué es una vida que te complace, Padre? ¿Cómo sé lo
que tú deseas? Tú has descrito las acciones del justo en los
mandamientos de tu ley; sin embargo, muchos han pensado
que los obedecían y no estaban satisfechos. Tú has
establecido un ejemplo poderoso y brillante de lo que te
agrada. Jesús vivió su vida delante de ti y tú te complaciste
en Él, y testificaste de ese agrado que tenías por Él. Lo
elevaste a los cielos y lo sentaste a tu diestra.

Padre, te pido que me enseñes tus caminos en consonancia
con la vida de Jesús. Conforme a la fe en tus promesas,
fortalece mi carácter y transforma mi voluntad, y me
someteré a tu voluntad, el único Rey verdadero de toda la
creación. Que tu paz se muestre a todo el que te ama. Que
el mensaje de tu paciencia bondadosa actúe para suavizar
corazones endurecidos.

**Si tendremos problemas en este mundo, entonces
¿cuál es la paz en la tierra sobre la que cantaron los
ángeles?**

# PLAN PARA COMPLACER

Si piensas lo que haces, tendrás abundancia;
si te apresuras, acabarás en la pobreza.
PROVERBIOS 21:5, RVC

Padre, tú has dado tus proverbios como sabiduría para tu pueblo, para enseñar tus caminos de justicia, lo cual también significa el modo en que creaste el mundo para que funcionara. El consejo que proveen puede ser útil para el éxito en la vida incluso en el presente. Tu sabiduría tiene valor para esta vida, pero su intención es enseñar sabiduría y entendimiento para alcanzar la vida eterna.

Ayúdame a ser diligente en perseguir planes que conduzcan a la vida eterna. Enseñaré a mi corazón a evitar la gratificación rápida, a dejar de buscar su satisfacción en esta vida, pues el resultado de ese plan estará fuera de tu precioso reino. Fortaléceme tal como has deseado hacer, y ayúdame a establecer planes rectos, a alinear mis planes con los tuyos. Gracias por enseñarme sabiduría; gracias por tu gran generosidad hacia mí.

**¿Cuántas veces ves a personas alcanzar éxito en esta vida mientras ignoran gran parte de la sabiduría de Dios?**

# HACER MI PARTE

Así como nuestro cuerpo tiene muchas partes y cada parte
tiene una función específica, el cuerpo de Cristo también.
Nosotros somos las diversas partes de un solo cuerpo
y nos pertenecemos unos a otros.

ROMANOS 12:4-5, NTV

Padre, tu creatividad es asombrosa. Cuando miro tu
creación, gran parte de su belleza se encuentra en su
variedad. Incluso la multitud de personas en el mundo son
todas muy distintas unas de otras a pesar de sus similitudes.
Gracias por hacer del mundo un lugar tan diverso. Tú me
has invitado a ser parte de tu familia, y produces en mí
talentos y experiencias únicos. Gracias por incluirme.

Aunque la parte que puedo hacer es diferente a la que
quieres para otros, que pueda estar satisfecho y derribar
mis deseos egoístas que pueden torcer mi entendimiento.
Ayúdame a entender tu generosidad incluso si no siento
que pertenezco, o comienzo a sentir que otros son más
deseados que yo. Tú tienes un lugar para todo aquel que
responda a tu invitación y acuda a ti. Tengo la bendición de
ser invitado a compartir con muchos la bondad de la vida
eterna.

**¿Cuál es tu parte en la asamblea del pueblo de Dios?**

# PRUEBAS DURÍSIMAS

Queridos amigos, no se sorprendan de las pruebas de fuego por las que están atravesando, como si algo extraño les sucediera. En cambio, alégrense mucho, porque estas pruebas los hacen ser partícipes con Cristo de su sufrimiento, para que tengan la inmensa alegría de ver su gloria cuando sea revelada a todo el mundo.

1 Pedro 4:12-13, ntv

Padre, no todas las pruebas que enfrento son como las que enfrentó Jesús, porque Él no tenía pecado y sus pruebas nunca fueron merecidas, sino que se debían al odio que el mundo tenía hacia ti. Usa todas mis batallas y pruebas para moldear mi carácter y hacerme más semejante a Jesús en mi conducta. Protege mi corazón durante esas pruebas que no son merecidas. Mantén mi corazón humilde en esos momentos, ya que son los tiempos en que más difícil me resulta permanecer en calma. Menosprecio la injusticia, y cuando yo soy quien la sufre, soy más propenso a querer atacar y apoyar mi propia causa.

Recuérdame que es un gran honor ser considerado digno de sufrir injusticia como hizo Jesús, y que puedo confiar en la recompensa que tú darás a quienes soportan. Gracias por considerarme digno de ser moldeado como tu hijo.

**¿Crees que enfrentas pruebas, problemas, luchas y sufrimiento en esta vida debido a una falta de fe?**

# TANTO AMOR

Pero Dios nos demostró su gran amor al enviar a Jesucristo a morir por nosotros, a pesar de que nosotros todavía éramos pecadores.
ROMANOS 5:8, TLA

Magnifico tu nombre, oh Dios, por el asombroso regalo que tú diste al mundo mediante la primera venida de Jesús. Tú lo mostraste como el Mesías de Israel porque lo resucitaste de la muerte, pero lo enviaste a la tierra para revelar tu compromiso con tu creación mediante el modo en que Él sirvió a sus compatriotas, tanto a tu propio pueblo como a las otras naciones que se han rebelado contra tus buenas noticias.

La manera en que has sacrificado a Jesús para obrar redención para tu pueblo, reconciliación para tus enemigos, y un testimonio contra las potestades y los principados del mal que se dirigen a la destrucción, es más que asombrosa. Además de todo eso, lo resucitaste para alentarnos a todos sabiendo que tienes el poder de llevar a cabo la restauración que deseas. Tus planes no pueden ser frustrados, y tu brazo poderoso realizará todo lo que te has propuesto hacer para producir renovación y justicia en la tierra.

**¿De qué otras maneras demuestra Dios su amor por nosotros?**

# ANTES DE ESTE MOMENTO

Pues hay un tiempo y un modo para cada cosa,
incluso cuando uno está en apuros.
ECLESIASTÉS 8:6, NTV

Señor, tú has establecido tu gobierno soberano en la tierra, y tu voluntad se hará tal como tú la has decretado. Aunque la humanidad corrompe su camino, tú usas sus obras para purificar a tu pueblo y atraer a ti a los oprimidos. Tú adviertes a tus enemigos y les ofreces términos de paz con la condición de su lealtad. Tus enemigos han sido incapaces de frustrar la difusión de tu bondad a toda la tierra.

Tú eres asombroso en tus caminos. Aunque por un tiempo tu pueblo es subyugado delante de los arrogantes de la tierra, tu justicia se establecerá en el momento apropiado. Fortalécenos, Señor, para soportar con paciencia hasta el amanecer de ese día, y que tu gloria reine sobre todos los reyes de la tierra.

**¿Qué te hace capaz de soportar persecución y aun así buscar el bien para el opresor?**

# TRANQUILIDAD

El prudente ve el peligro y lo evita;
el inexperto sigue adelante y sufre las consecuencias.
PROVERBIOS 27:12, NVI

Padre, dame paz en mi mente y mi corazón en este día. Muchas veces quiero avanzar rápidamente en la vida, ansioso por mantenerme activo y no ser dejado atrás. Con frecuencia busco lo siguiente que hacer, ya sea para entretenerme o seguir haciendo algo. Enséñame, en cambio, a esperar, a pensar, a meditar en tu Palabra.

Dame la gracia para entender tu gran paciencia, y cómo tú has retenido tu mano de realizar tus planes por miles de años. Tú has percibido lo que tiene que ocurrir en tu gran sabiduría, y no te apresuras a establecer tus planes, sino que eres paciente con nosotros. Ayúdame a ser más como tú, esperando y considerando mis pasos.

**¿Cómo te ha afectado la paciencia de Dios?**

# VALIENTE Y RENDIDO

Yendo un poco más allá, se postró en tierra y empezó a orar que, de ser posible, no tuviera él que pasar por aquella hora. Decía: «*Abba*, Padre, todo es posible para ti. No me hagas beber este trago amargo, pero no sea lo que yo quiero, sino lo que quieres tú».

MARCOS 14:35-36, NVI

Oh Señor, a veces siento como si no pudiera manejar las circunstancias por las que tú me has llevado. No quiero atravesar el problema que enfrentaré; quiero esconderme y no lidiar con la situación. Sin embargo, sé que puedo confiar en ti.

Tú has establecido que se cumplan tus planes para bien. ¡Fortaléceme, Señor! Confiaré en tu camino y en la senda que has puesto delante de mí, porque sé que la enfrento para moldear mi carácter y para lograr cualquier otra cosa que tú desees. Confiaré en ti y esperaré en ti.

**¿Puedes identificar algo en tu vida que quieres evitar, pero Dios parece seguir llevándote otra vez a eso?**

# CANAL DE CONSUELO

Para que, con el mismo consuelo que de Dios hemos recibido, también nosotros podamos consolar a todos los que sufren.
2 CORINTIOS 1:4, NVI

El gozo de recordar tus buenas promesas y la manera en que estás obrando en mi vida para llevarme por la senda a la vida eterna alientan mi alma, Padre. Enséñame a dar ese mismo gozo a otros: alentar al débil, al quebrantado y al oprimido, porque tú has declarado que habrá justicia y paz.

Magnifica tus buenas noticias en mí para que el mundo sepa, para que el poderoso tiemble, y para que el humilde se goce. Asígname la tarea y equípame para cumplir tu mandato, y que muchos estén preparados para gozarse el día de tu venida.

**¿Qué te consuela en los tiempos de problemas que enfrentas?**

# TERMINAR

Yo sé bien que tú lo puedes todo,
que no es posible frustrar ninguno de tus planes.

JOB 42:2, NVI

Dios, tú eres fiel para terminar los planes que estableces. Tú cumplirás las promesas que has hecho. Confío en ti y pongo mi confianza en ti. Mi fe no es ciega, como algunos la han llamado, porque la evidencia de tu fidelidad se ve por todas partes. Mientras que nación tras nación se han desvanecido en el pasado, y el conocimiento de ellas se encuentra solamente en la arqueología y los escritos históricos, tu pueblo persiste y ha aumentado.

Tu creación misma testifica de tu fidelidad por medio de sus ciclos día tras día, mes a mes, año tras año. Tú has establecido la tierra con fidelidad, e incluso bajo una maldición, la belleza y precisión de su funcionamiento magnifican tu nombre. Termina tus grandes promesas, oh Señor, y restáuranos tal como has declarado desde el principio.

**¿Qué otras evidencias te ha dado Dios de su fidelidad?**

# BENDITAS PALABRAS

*Un tiempo para rasgar y un tiempo para remendar.*
*Un tiempo para callar y un tiempo para hablar.*
ECLESIASTÉS 3:7, NTV

Lléname de sabiduría, Padre, con respecto a tu mensaje de esperanza, para que mi boca hable verdad para alentar a tu pueblo. Que el entendimiento que llega con tu sabiduría me ayude a saber cuándo hablar y cuándo callar, igual que Jesús lo supo delante de sus acusadores.

Aunque podrían decirse muchas palabras, tú has esperado con paciencia para revelarte a ti mismo en toda tu gloria, Dios, de modo que enséñame también a discernir los tiempos para declarar la verdad. Que mis palabras sean pocas pero llenas de poder, y sean efectivas para cumplir tu voluntad. Tú eres justo y glorioso en tus caminos. Lléname de confianza para fiarme de tus caminos.

**¿Cómo disciernes los tiempos para hablar o para quedarte callado?**

# NO PUEDES PERDER

Sin embargo, en todo esto somos más que vencedores por medio de aquel que nos amó. Pues estoy convencido de que ni la muerte ni la vida, ni los ángeles ni los demonios, ni lo presente ni lo por venir, ni los poderes, ni lo alto ni lo profundo, ni cosa alguna en toda la creación podrá apartarnos del amor que Dios nos ha manifestado en Cristo Jesús nuestro Señor.

ROMANOS 8:37-39, NVI

Dame con generosidad, Padre, de las riquezas y la abundancia del poder de tu Espíritu, para que esté plenamente equipado para enfrentar todas las pruebas y dificultades que esta vida produce. Sé que nunca podré ser sacudido ni movido cuando pongo mi esperanza completamente en ti. Tengo la confianza de que mi fe en la verdad de tu Palabra me guardará contra todos los ataques del enemigo.

¿Qué puede moverme cuando mis ojos están totalmente enfocados en la línea de meta y en el premio de una carrera bien corrida? Nada en esta vida puede sacudirme cuando, en el poder de tu Espíritu, me entrego a la justicia conforme al ejemplo de Jesús. Gracias, gran Rey, por el modo en que me guardas.

**¿Cómo puedes tener la seguridad de ser victorioso en tu carrera hacia el premio?**

# AMOR EXTRAVAGANTE

Pues nos ha nacido un niño, un hijo se nos ha dado;
el gobierno descansará sobre sus hombros,
y será llamado: Consejero Maravilloso, Dios Poderoso,
Padre Eterno, Príncipe de Paz.

ISAÍAS 9:6, NTV

Padre, eres incomparablemente asombroso en tu fiel amor por tu pueblo. Te magnifico y glorifico por la abundante misericordia que has derramado. Tú enviaste milagrosamente a un Salvador al mundo, el hijo de Israel, el hijo de David, para confirmar tu gran bondad a Abraham y para validar tu promesa de restaurar la tierra y bendecir a todas las naciones por medio de tu pueblo.

¡Qué asombroso! ¡Cuán maravillosas son tus obras! Están por encima de toda comprensión. El modo en que has orquestado tu plan de salvación muestra cuán incomparable eres como Dios y Rey de toda la creación. ¡Sé exaltado!

**¿Cómo se ha manifestado la extravagancia de Dios en tu propia experiencia con Él?**

# VULNERABLE

Hoy les ha nacido en la Ciudad de David un Salvador,
que es Cristo el Señor.
LUCAS 2:11, NVI

Padre Dios, cuán consolador puede ser que te llamen tu hijo. Con esa seguridad, tú confiaste a Jesús a un cuerpo humano y a una madre y un padre humanos. No estabas preocupado por su seguridad incluso cuando sabías que muchas personas buscarían hacerle daño. Tu confianza en tu capacidad de cumplir tus promesas establecidas te permitió situar a tu Hijo en la más vulnerable de las situaciones.

Incluso cuando todos sus amigos fueron dispersados debido a su temor a su próxima crucifixión, tú no te desalentaste porque conocías tus planes de resurrección. Dios, concédeme esa misma disposición a ser vulnerable que nace de la confianza y fe en la certeza de tus promesas. Tú has contado las aves del cielo y te interesas inmensamente por tu creación, y sin embargo no estás ansioso acerca de nuestra posición vulnerable. Gracias por tu firme confianza.

**¿Qué puedes aprender sobre Dios basándote en su disposición a poner a muchos de sus seguidores amados en situaciones peligrosas y vulnerables?**

# PODER QUE FORTALECE

Finalmente, dejen que el gran poder de Cristo
les dé las fuerzas necesarias.
EFESIOS 6:10, TLA

Padre, tú eres mi fuerza y mi sustento, y pongo mi confianza en ti para que me ayudes a permanecer fuerte contra los ataques del enemigo que intentan hacerme descarrilar. Enséñame cada día y dame perspectiva de las cosas que estás haciendo. Con el poder que has dado por medio del Espíritu Santo, enséñame a declarar la esperanza de tus buenas noticias con señales apropiadas que acompañen, y que atraigan a personas a tu oferta de paz.

Estoy en deuda contigo, Señor, por el perdón que has ofrecido, y eres incluso más generoso al ayudarme a aumentar mi fe y mi carácter piadoso. Sin compartir tu Espíritu conmigo, y la enseñanza que proporcionas mediante tu Palabra, estaría yo indefenso contra el mundo. En cambio, puedo resistir con gran confianza en ti. Gracias por tu bondad y misericordia.

**¿Qué ha de hacer el poder de Dios en tu vida?**

# FRUCTÍFERO Y SATISFECHO

Así que tengan cuidado de cómo viven. No vivan como necios sino como sabios. Saquen el mayor provecho de cada oportunidad en estos días malos.

EFESIOS 5:15-16, NTV

Dios, dame sabiduría del Espíritu Santo para discernir los tiempos en que vivo, de modo que pueda dedicarme a las cosas que son dignas de mi tiempo y sean fructíferas para edificar un carácter recto. Que el entendimiento que viene de tu buena enseñanza me ayude a escoger bien y a apartar las cosas inútiles.

Tú has dado generosamente de tu sabio consejo para alentarme y fortalecerme y así luchar contra las tentaciones del mundo, y estoy agradecido por tu ayuda. Tú me equipas bien con armas potentes para usar contra las distracciones. Me conmueve que tengas tanto interés en mí para empoderarme para andar por este camino de fe. Que tu excepcional paciencia y fortaleza obren en mí para llevar a cabo esta tarea, a fin de poder recibir la recompensa que has prometido.

**¿Qué significa ser fructífero con tu tiempo en el contexto de las buenas noticias?**

# PADRE PERFECTO

> ¿Puede una madre olvidar a su niño de pecho,
> y dejar de amar al hijo que ha dado a luz?
> Aun cuando ella lo olvidara, ¡yo no te olvidaré!
> ISAÍAS 49:15, NVI

Dios Padre, qué maravillosa es tu misericordia y el cuidado que me muestras. ¿Por qué tendrías que prestarme atención? Y, sin embargo, me has llamado tu hijo. Te pido que me abraces fuerte y no me sueltes. Lléname con tu Espíritu Santo y entréname como a uno de tus propios hijos, moldeándome para ser el tipo de hombre al que tú deseas recompensar con vida eterna.

Te entrego mi vida y mi bienestar, y te doy mi lealtad ahora y para siempre. Te doy gracias por darme tal oportunidad. Me conmueve que el Rey de toda la creación haya puestos sus ojos sobre mí y me haya mostrado bondad al ofrecerme restauración. Tú eres bueno y recto en todos tus caminos, y oro para que continúes acercándome por tu Espíritu al carácter de Jesús.

**¿Qué puedes entender acerca del carácter de Dios, sabiendo que Él se interesa por ti?**

# MAYOR HUMILDAD

Así que humíllense ante el gran poder de Dios
y, a su debido tiempo, él los levantará con honor.
1 Pedro 5:6, NTV

Padre, tú me creaste para ser portador de tu imagen. A
veces, he permitido que eso se me suba a la cabeza y he
actuado con arrogancia delante de ti, buscando mis propios
caminos y deseos como si tuvieran verdadera importancia.
Tú me llamas a humillarme delante de ti y someterme una
vez más a tus preceptos y mandamientos. Conforme a tu
misericordia, me has dado una vez más la oportunidad de
darte mi lealtad y dejar que tu conocimiento y sabiduría
definan lo que es bueno y malo, en lugar de hacerlo según
mi propia sabiduría.

Ayúdame a situarme continuamente a tu merced como
tu siervo, y a su tiempo recibiré el don que tú consideres
adecuado darme. Con seguridad en tu bondad, descanso y
pongo mi confianza en ti. ¡Sé exaltado, mi Dios y Rey!

**¿Cuál es ingrediente faltante que diferencia que te
exaltes a ti mismo o que Dios te exalte?**

# TE ALABO

Así que ahora ustedes tienen tristeza, pero volveré a verlos;
entonces se alegrarán, y nadie podrá robarles esa alegría.
JUAN 16:22, NTV

Te alabo y exalto tu gran nombre, Padre, porque tus
promesas son ciertas y tu restauración está asegurada.
Tú has confirmado que en esta vida tendremos muchos
problemas, y anhelaremos el día de tu visitación, pero tú
aparecerás y traerás contigo justicia y paz.

En ese día, tus hijos se alegrarán en tu presencia, y
comenzará la mayor fiesta que el mundo haya visto nunca.
Señor majestuoso, ven rápido y pronto, porque no podemos
soportar por mucho tiempo más el dolor y la turbulencia
cada vez mayores del mundo. ¡Engrandece tu nombre en
todas las naciones de la tierra!

**¿Qué es lo más emocionante para ti acerca del regreso
de Jesús?**

# UN VIAJE JUNTOS

El SEÑOR cumplirá en mí su propósito
Tu gran amor, SEÑOR, perdura para siempre;
¡no abandones la obra de tus manos!
SALMOS 138:8, NVI

Oh Señor mi Dios, tu majestad me asombra. Tus obras son maravillosas. Tú has puesto las estrellas en el cielo nocturno, y los océanos sobre sus bases. Tú has posicionado las montañas en sus lugares y has establecido las naciones de la tierra. Tú haces lo milagroso como si fuera rutina, y gobiernas con justicia sobre todo.

Sé que cumplirás las promesas que has declarado y establecerás los planes que has preparado. Oro para que me concedas la bendición de la sabiduría, para que pueda caminar de modo que emule mi emoción al compartir la eternidad contigo. No quites de mí tu Espíritu Santo, sino hazme moldeable en tus manos. Moldéame en tu misericordia y ayúdame a seguir andando por este camino de fe contigo.

**¿Qué crees que Dios tiene preparado que hagas en esta vida? ¿En qué puedes enfocarte en el año próximo?**